Frauke Kässbohrer

Eine Frau reist um die Welt

Usbekistan

Edition Mini
Große Gedanken
in einem kleinen Buch

Bibliografische Information der Deutschen Nationalbibliothek
Die Deutsche Nationalbibliothek verzeichnet diese Publikation in der Deutschen Nationalbibliografie; detaillierte bibliografische Daten sind im Internet über http://dnb.d-nb.de abrufbar.

Edition Forsbach
Bücher mit Herz

www.edition-forsbach.de
3. Auflage, Bamberg 2023

Edition Mini: Große Gedanken in einem kleinen Buch, Band 18

Coverbild: © Leonid Andronov – AdobeStock
Autorenfoto: © JESSEN FOTOGRAFIE – Bad Oldesloe

Printed in Germany
ISBN 978-3-95904-163-8 (Print)
ISBN 978-3-95904-171-3 (E-Book)

Inhalt

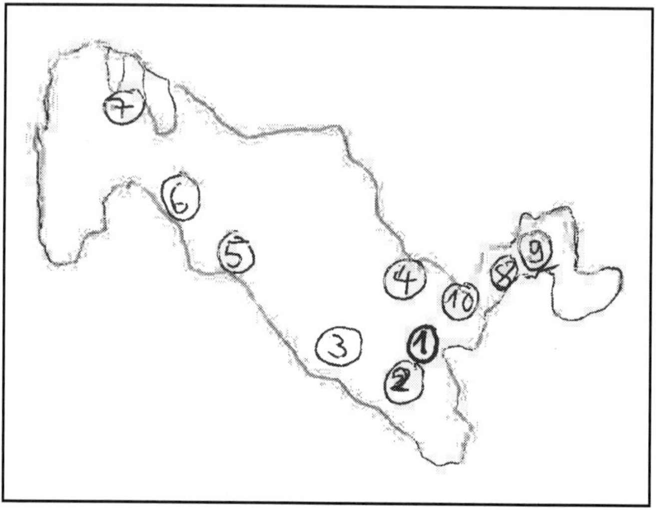

1. Samarkand
2. Shahrisabz
3. Buchara
4. Jurte-Camp
5. Chiwa
6. Nukus
7. Aral-See
8. Kokand/Margilan
9. Fergana
10. Taschkent

Meine Reise nach Usbekistan

„Le roi est mort - vive le roi" - „Der König ist tot, es lebe der König", in meinem Fall: „Eine Reise ist zu Ende - es lebe die nächste."

Doch im Jahr 2009 wusste ich lange keine Lösung für dieses Problem. Meine vorherigen Ziele hatte ich immer erstaunlich schnell gefunden: Australien und Neuseeland sollten mich durch die große Entfernung von zu Hause vom Burnout-Syndrom heilen, in China wollte ich meinen dort arbeitenden Sohn besuchen, in Japan lockte die Weltausstellung, in Israel eine einmalige, über tausendjährige Kultur, in Kanada und Neufundland die Natur - und was sollte nun folgen?

Lange rätselte ich herum, bis eine gute Bekannte eines Tages zu mir sagte: „Die schönsten Moscheen der Welt stehen in Usbekistan. Das wäre ein tolles Reiseziel für dich."

Das neue Reiseziel

Neugierig geworden ging ich in die Bücherei und holte mir einen Bildband über dieses Land. Was dort abgebildet war, beeindruckte mich tatsächlich sehr. Außerdem gab es nur positive Beschreibungen von Land und Leuten, so dass mein Entschluss bald feststand: Usbekistan würde mein nächstes Reiseziel werden! Kurze Anmerkung: Aus

Datenschutzgründen habe ich die Namen aller Usbekinnen und Usbeken, von denen ich in diesem Buch erzählen werde, geändert.

Für die Planung besorgte ich mir als Erstes „Usbekisch – Wort für Wort" mit dazugehöriger CD, den „Kauderwelsch-Sprachführer" aus der Reihe „Reise Know How". Darin las ich, dass Usbekisch zur Familie der Turksprachen gehört, die östlich der Türkei und Aserbaidschan hauptsächlich in der ehemaligen Sowjetunion angesiedelt sind. Im Vorwort stand außerdem, dass es ratsam sei, sich wenigstens ein paar Grundkenntnisse dieser Sprache anzueignen, wenn man das Land auf eigene Faust erkunden wolle, da es nicht viele Usbeken gäbe, die Deutsch oder Englisch sprächen.

Für mich ist die Sprache grundsätzlich ein wichtiger Bestandteil der Einstimmung auf das Land, in das ich reisen will. Also begann ich sofort voller Elan und Vorfreude mit dem Erlernen der für mich wichtigsten Redewendungen.

Ob es Zufall war, dass bereits auf der ersten Seite der wichtige Satz „Wo ist die Toilette?" („Hodshatchona qajärda?") stand? Damals ahnte ich noch nicht, dass dies einer meiner am meisten angewandten Sätze werden würde, erweitert durch die Worte „bitte" („iltimos"), „Entschuldigung" („kitscherasiz") und „nah" („jaqin") oder „fern" („uzoq").

Denn in der usbekischen Küche wird ein für uns Westeuropäer unbekömmliches Baumwollöl benutzt, dem sich niemand entziehen kann. So hatte ich vor allem am Anfang meines Urlaubs trotz der Einnahme von Medikamenten mehr oder minder regelmäßig Durchfall, was ich natürlich als sehr lästig empfand.

Zwar war ich durch einen Absatz in dem Reiseführer von Judith Peltz mit dem Titel „Usbekistan entdecken“ schon vorgewarnt, wo ich las: „Ohne Durchfall einen Usbekistan-Urlaub zu überstehen ist schwierig – sogar Alexander der Große soll ihn gehabt haben, als er den Landstrich eroberte … Eine bereits zu Hause begonnene Prophylaxe gegen Magen-Darm-Krankheiten, z. B. mit Perenterol, kann sehr nützlich sein …“ Obwohl ich ihrem Rat folgte, hat er mir leider nicht viel genützt. Davon später mehr.

Also begann ich im Januar 2009 mit dem Studium der im Alltag üblichen Redewendungen und trat im September desselben Jahres meinen Urlaub an. Die wichtigsten Sätze des Sprachführers lernte ich auswendig. Am Schluss fehlte nur noch die letzte Seite. Dort stand: „Wie in jeder Sprache gibt es auch im Usbekischen ziemlich derbe Ausdrücke. Das Verständnis der Schimpfwörter erleichtert es, manche Situationen besser zu erkennen und zu meistern. Die folgenden Wörter sind natürlich nicht für den Eigengebrauch gedacht, sondern lediglich für das Verstehen einer Situation.“

Da ich noch einige freie Tage bis zum Abflug vor mir hatte, beschloss ich, auch diese letzten „derben Ausdrücke“ zu lernen, in der Hoffnung, sie irgendwann doch einmal anwenden zu können. Und so schmetterte ich als Abschluss meiner Reisevorbereitungen noch täglich vor mich hin: „Aschaky!“ („Esel“), „Ahmoq!“ („Blödmann“),

„Täntaky!“ („Idiot“), „Palid!“ („Gesindel“), „Nobakyor!“ („Halunke“), „Schajton!“ („Satan“) und last not least „Iblis!“ („Teufel“).

Um es vorwegzunehmen: Wenn ich später auf Usbekisch nach der Toilette fragte, stürzte ich nach erhaltener Auskunft sofort dorthin, aber wenn ich bei anderen Gelegenheiten meine Sprachkenntnisse anwandte, konnte ich die Freude, die ich damit bereitete, immer voll auskosten.

Die Usbeken sind sowieso meistens ein freundliches und offenes Volk. Als ich einmal auf einem Basar auf Usbekisch nach dem Preis einer Kette fragte, sprang die Verkäuferin auf, hob meinen Arm in die Höhe und rief laut: „Diese Frau spricht Usbekisch!“

Alle lachten, ein paar Leute applaudierten, ich wurde umringt, man klopfte mir auf die Schulter, und ich fühlte mich richtig beschämt über diese offen zur Schau gestellten Sympathiebezeugungen.

Völkerverständigung ist im Grunde doch so leicht, dachte ich, man muss es nur wollen und auch ein bisschen etwas dafür tun. Der Rest erledigt sich dann von selbst.

Aber die ganze Zeit spukten mir meine sieben „derben Ausdrücke“ im Kopf herum, da ich sie doch so gerne auch einmal angewandt hätte. Und eines Tages war es tatsächlich so weit: Ich war von Buchara aus mit einem nur Usbekisch und Russisch sprechenden Taxifahrer unterwegs. Er hatte einen sehr forschen Fahrstil, viel zu forsch für meinen Geschmack. Als es auf einer geraden Strecke plötzlich steil bergauf ging, setzte er kurz vor der Kuppe zum Überholen des Lastwagens vor uns an. Mir stockte der Atem, denn es war absoluter Leichtsinn, an diesem unübersichtlichen Punkt überholen zu wollen. In diesem Augenblick schoss auf der Gegenfahrbahn genau auf der Höhe der Kuppe ein anderer, genauso leichtsinniger Autofahrer an uns vorbei. Mein Taxifahrer konnte das Steuer gerade noch herumreißen und uns hinter dem Lastwagen in Sicherheit bringen. Das war knapp gewesen!

Wir sahen uns kurz an. Mein Fahrer war sehr blass geworden. Seine Hände auf dem Steuerrad zitterten. Ich atmete ein paar Mal tief durch und sagte dann laut und aus voller Seele: „Aschaky!" („Esel"). Er sah mich erstaunt an. Im Grunde meinte ich sowohl ihn als auch den anderen Fahrer, als ich wütend fortfuhr: „Ahmoq!" („Blödmann").

Nun lächelte er, denn diese Ausdrücke aus dem Mund einer Frau und noch dazu einer Ausländerin hatte er natürlich nicht erwartet. Ich fuhr unbeirrt in der Aufzählung meines gelernten Vokabulars von der letzten Seite meines Sprachführers fort. Er begann laut zu lachen, wiederholte alles genüsslich und schlug vor Freude auf das Lenkrad ein. Endlich war ich alle meine Schimpfwörter losgeworden, wenn der Anlass dazu uns auch fast das Leben gekostet hätte.

Die Planung

Aber zurück zur Planung meines Urlaubs. Als ich im Februar 2009 auf der Tourismusbörse in Hamburg am usbekischen Stand Erkundigungen über das Land einholte, hörte ich von dem „Verein für internationalen und interkulturellen Austausch" (VIA e. V.). Er bietet für die Länder Russland, Usbekistan, Kirgistan, die Mongolei, Uganda und Ghana Aufenthalte in Gastfamilien an. Voller Skepsis las ich: „Neben dem Erwerb oder der Verbesserung der Sprachkenntnisse ist es das Ziel dieses Programms, das Land, die Einwohner und deren Kultur hautnah zu erleben, einen vielseitigen Einblick in den Alltag zu gewinnen, neue Erfahrungen zu sammeln und dabei auch sich selbst und interkulturelle Anpassung zu erfahren."

Ich war so skeptisch, weil ich es bis jetzt in meinem Urlaub immer besonders genossen hatte, unabhängig von anderen Menschen zu sein und frei über die Einteilung meines Tages verfügen zu können. Außerdem verstand ich nicht genau, was der Verein mit „sich selbst und interkultureller Anpassung" meinte. Als ich dann aber las: „In den Gastfamilien hat mindestens eine Person Kenntnisse in Englisch …", gab ich mir einen Ruck und dachte:

Vielleicht ist das als Einstieg gar nicht mal so schlecht. Da das Angebot für Usbekistan offenbar nur für diese eine Familie in Samarkand gilt, beginnst du deine Reise halt dort und hast danach immer noch drei Wochen für dich alleine. Es könnte tatsächlich eine gute Sache sein.

Gesagt, getan. Ich buchte also über VIA meinen Hin- und Rückflug von Hamburg über Moskau nach Taschkent für Montag, den 7. September und zurück für Dienstag, den 6. Oktober, wieder von Taschkent aus über Moskau nach Hamburg.

Der Verein kümmerte sich auch um mein Visum und die Bezahlung der Familie, Halbpension für eine Woche.

Er organisierte, dass ich morgens um 4 Uhr bei der Ankunft auf dem Taschkenter Flughafen von einem seiner Leute abgeholt werden würde. Dieser sollte mich von dort zum Bahnhof fahren, mir meine ersten Euro in usbekische Som wechseln und eine Zugfahrkarte nach Samarkand besorgen, wo ich dann meine Familie treffen würde.

Es geht los

So schien alles gut geregelt zu sein. Ich besorgte Gastgeschenke, hakte meine Reiselisten ab, packte sorgfältig alles ein und flog tatsächlich am Montag, dem 7.9.2009, voller Vorfreude am Vormittag von Hamburg aus los, liebevoll verabschiedet von meiner Tochter, die sich dafür extra einen Tag freigenommen hatte.

Ich müsste allerdings lügen, wenn ich behaupten würde, dass ich beim Fliegen kein mulmiges Gefühl gehabt hätte. Umso erfreuter war ich, als ich in Hamburg beim Betreten der Aeroflot-Maschine von den Klängen des vierten Brandenburgischen Konzertes von Johann Sebastian Bach begrüßt wurde. Das beruhigte meine flatternden Nerven ungemein, und nach zwei Stunden und 40 Minuten landeten wir wirklich wohlbehalten in Moskau.

Vorsichtshalber hatte ich die kyrillischen Buchstaben noch zusätzlich gelernt, so dass ich alles lesen, jedoch selten verstehen konnte. Es gab aber überall auch englische Beschriftungen.

In der Wartehalle suchte ich mir ein ruhiges Plätzchen, da ich nun einige Stunden bis zum Abflug nach Taschkent überbrücken musste. Eine Frau mit einem erwachsenen Sohn sprach mich an. Sie wunderte sich, dass ich alleine reiste, aber das war ich von früheren Reisen her schon gewohnt. Sie erzählte, dass sie eine usbekische Jüdin sei, aus Amerika komme und auch nach Taschkent wolle.

Sie würde sich hier auf dem großen Flughafen gut auskennen, und ich solle mich ihnen ruhig anschließen, dann würde ich auch die richtige Maschine erwischen. Ich bedankte mich für ihre Fürsorge und bot ihr und ihrem Sohn die ersten meiner selbstgebastelten Lesezeichen an, die sie erfreut entgegennahm.

Um es vorwegzunehmen: Ich traf später noch so viele nette und hilfsbereite Usbeken, dass ich am Ende meines Urlaubs auch wirklich alle Lesezeichen verschenkt hatte.

Taschkent

Auf dem im Vergleich zu Moskau sehr kleinen Flughafen von Taschkent musste ich um 4 Uhr früh gleich nach der Landung zwei Formulare ausfüllen, zum Glück auf Englisch.

Es gab die üblichen Fragen zu meinem Urlaub: woher, wohin, warum, wie lange, Passnummer und die Adresse meiner Gastfamilie. Eines dieser Formulare war abzugeben, das zweite aufzubewahren und bei jedem Geldwechsel vorzuzeigen.

Am Tag des Abflugs hätte ich dann minutiös nachzuweisen, wie viel Geld ich wann und wo umgetauscht hätte. Das alles stand auf dem Formular, aber um vier Uhr früh war ich noch nicht ganz wach. Ich las alles nur kurz durch und vergaß es sofort wieder, abgehakt als „lästige Routine“, die ich von früheren Reisen her zur Genüge kannte und zu ignorieren beschloss …

So blieb mir als besonders demütigend die Kontrolle in Israel am Schluss meines Urlaubs vor dem Abflug nach Hause in Erinnerung, als die Beamtin die Herausgabe meines Tagebuches forderte. Ich war der Meinung, dass sie meine doch sehr persönlichen Eintragungen nichts angingen, aber sie ließ nicht locker.

Obgleich sie mit meiner kleinen deutschen, unordentlichen Handschrift nichts anzufangen wusste, blätterte sie lange darin herum. Als sie es mir zurückgab, entschuldigte sie sich und sagte, das alles sei Vorschrift. Das versöhnte mich wieder etwas.

Die Tatsache, dass Usbekistan ein menschenverachtender und keine Opposition zulassender Unrechtsstaat ist, war mir in dieser Tragweite trotz meiner Mitgliedschaft bei „Amnesty International“ während meines ganzen Urlaubs nicht bewusst. Zwar streifte mich ab und zu sein böser Atem, aber das reichte nie, um mich zum Nachdenken zu bringen. Rückblickend glaube ich, dass gerade diese meine Unbedarftheit mich in vielen Situationen vor ernsten Konflikten rettete.

Während ich meinen Urlaub unbeschwert so gestaltete, wie es mir gefiel und dabei gegen so manches Gesetz verstieß, rutschte ich immer wieder gerade so durch die Maschen der Überwachung hindurch und hatte bis zum letzten Tag oft einfach nur unheimliches Glück.

Es begann, als meine Gastgeberin am ersten Tag meines Besuches mit mir zur Behörde ging, um mich dort anzumelden. Als Erstes ließ man uns geschlagene zwei Stunden in der prallen Sonne vor dem Tor warten, ehe uns ein davor Wache stehender Soldat endlich herein beorderte. Nach der Registrierung mussten wir zu einem Notar in einem anderen Gebäude gehen, der den Antrag beglaubigte.

Jeder dieser Schritte war natürlich auch zu bezahlen. Dann ging es wieder zurück zu dem ersten Beamten, der alles sorgfältig durchlas und dann meinen Pass konfiszierte. Er sah mich voller Verachtung an: kalt, unnahbar, hochmütig, im vollen Bewusstsein seiner Macht über mich, denn wer war ich schon ohne Pass?

Ich spürte zwar die Erniedrigung, der meine Gastgeberin und ich während dieser Vorgänge ausgesetzt waren, doch alles um mich herum war neu und aufregend, und ich dachte: Da müssen wir nun mal durch. Nach einer Woche bekomme ich meinen Pass wieder, und dann fahre ich, wohin ich will, ohne diese lästigen Registrierungen. Ich bin ja als Privatperson hier, ohne jegliche politische Ambitionen. Was also soll mir passieren?

Aber zurück zu meiner Landung in Taschkent morgens um 4 Uhr. Nach dem Ausfüllen der Formulare holte ich mein Gepäck vom Fließband und entdeckte gleich darauf am Ausgang einen Mann, der ein Schild „VIA“ hochhielt. Er sah nett aus und sprach gutes Englisch. Ich bedauerte ihn, dass er zu dieser unchristlichen Zeit hatte aufstehen müssen, um mich abzuholen.

Es war noch dunkel, als wir zu seinem Auto gingen. Um uns herum gab es einige düstere Gestalten, die mir unheimlich waren, und ich dachte: Ohne meinen Begleiter würde ich hier keinen Cent für meine Sicherheit geben. Ich habe auch keinen offiziellen Taxistand entdeckt. Alleine wäre ich hier aufgeschmissen gewesen. Gut, dass ich abgeholt werde.

Mein Begleiter sagte, er sei Lehrer, arbeite schon länger ehrenamtlich für „VIA" und hätte sicher auch wieder Zeit für mich, wenn ich in vier Wochen von Taschkent aus nach Hause fliegen würde.

Ich bedankte mich, sagte aber, dass ich heute noch nicht wüsste, wie sich alles entwickeln würde. Als wir nach ca. 20 Minuten Autofahrt den Bahnhof erreichten, zeigte er mir, wie man am Automaten Dollar in Som wechselt und kaufte dann am Schalter für mich eine Fahrkarte nach Samarkand.

Ich lernte, dass ein Dollar den Wert von 12.385 Som hat, oder ein Euro den Gegenwert von 16.285 Som. Voller Staunen hatte ich plötzlich ein sehr dickes Bündel von dreckigen, abgegriffenen Geldscheinen in der Hand.

Mein Begleiter schärfte mir ein, nie zu zeigen, wie viel Geld ich bei mir hätte. Vor allem Dollarscheine würden gefährliche Begehrlichkeiten wecken, die schlimm für mich ausgehen könnten. Wir gingen dann in den Wartesaal, und ich versicherte ihm, er könne mich nun alleine lassen, nach Hause fahren und noch eine Runde vor dem Unterricht schlafen. Er lächelte und bat eine Familie, die ebenfalls auf den Zug wartete, ein bisschen auf mich achtzugeben, da ich alleine nach Samarkand fahren würde. Sie nickten freundlich. Er verabschiedete sich, schärfte mir noch einmal ein, gut auf meine Sachen aufzupassen und nie zu zeigen, dass ich Geld bei mir hätte, und dann ging er.

Ich machte es mir bequem, vergewisserte mich, dass die Helferfamilie noch in der Nähe war, zog mein Gepäck ganz nahe an mich heran und versuchte, im Sitzen ein paar Stunden Schlaf nachzuholen, da der Zug erst gegen 9 Uhr abfahren würde. Bevor ich tatsächlich kurz einschlief, dachte ich noch: Vergiss nicht, was dir dieser nette Lehrer mit auf den Weg gegeben hat. Zeig niemandem, dass du 3.000 Dollar mit auf die Reise genommen hast. Öffne deine Bauchtasche, wo sie gut verwahrt liegen, nur, wenn dich niemand beobachtet. Kein Mensch erwartet so viel Geld bei dir. Alles wird gut.

Jemand tippte mir auf die Schulter. Ich öffnete die Augen: Die Helferfamilie bedeutete mir, mit ihnen mitzukommen. Tatsächlich war es inzwischen hell geworden und Zeit zum Einsteigen. Ich schulterte meinen großen Rucksack, hängte meine Handtasche um, ergriff meinen kleinen Koffergepäckroller, auf dem ich zwei größere Taschen mit Riemen befestigt hatte und stolperte hinter meinen Führern her.

Wir mussten mehrere Gleise überqueren, und da stand der Zug nach Samarkand auch schon. Die Familie half mir hinein, Wagen 6, Platz 11, ich sagte ganz oft „Kyatta rahmat“ („vielen Dank“), aber für ein Lesezeichen war ich noch zu verschlafen und nicht schnell genug. Sie gingen weiter zu ihrem eigenen Abteil, und ich war wieder auf mich alleine gestellt.

Nun wurde es spannend. Ein paar Leute kamen noch ins Abteil, und dann fuhr der Zug ab. Landschaftlich war draußen nichts Aufregendes zu sehen: Wir fuhren Richtung Südwesten durch flaches Land, an Baumwollfeldern vorbei, selten durch kleinere Ortschaften, und ich erinnerte mich, gelesen zu haben, dass drei Viertel des Landes flach seien und zwei Drittel Wüste.

Das Chatkal-Gebirge und das bekannte Fergana-Tal liegen im Osten des Landes, das mit 25,6 Millionen Einwohnern etwa so groß ist wie Deutschland und die Schweiz zusammen. Im Norden grenzt Usbekistan an Kasachstan, im Westen und Südwesten an Turkmenistan, im Süden an Afghanistan, im Südosten an Tadschikistan und im Nordosten an Kirgistan. Von Ost nach West ist die größte Entfernung 1.500 km, und von Norden nach Süden 930 km. Der höchste Berg ist 4.299 m hoch, und es gibt drei große Flüsse: den Amudarja, den Syrdarja und den Serafshan. Diese Informationen gingen mir durch den Kopf, als der Zug durch die Landschaft brauste. Besonders die Tatsache, dass zwei Drittel des Landes aus Wüste bestehen, beeindruckte mich.

Samarkand

Und dann war es endlich soweit: Hauptbahnhof Samarkand! Als ich die Wagentür öffnete, stand eine Traube von Männern davor, die bei meinem Anblick sofort begannen, laut zu schreien. Der erste riss mir meinen Rucksack aus der Hand, ein zweiter bemächtigte sich meines Koffergepäckrollers, aber meine Handtasche hielt ich fest an mich gepresst.

Ich war ihnen praktisch ausgeliefert, dabei hatte ich mit meiner Gastfamilie verabredet, dass sie mich am Bahnhof abholen würde. Doch wo war sie? Mir blieb nichts anderes übrig, als hinter meinen Gepäckträgern, die auf einen etwas weiter weg gelegenen Parkplatz zusteuerten, herzurennen. Ich guckte mich immer wieder um, ob ich nicht eine mittelgroße Frau mit dunklen Haaren, die Rawschan, meine Gastgeberin, sein könnte, entdecken würde.

Kurz vor dem Auto der Männer tauchte sie tatsächlich auf: eine kleine, energische Frau, die wie eine Furie auf die beiden zuraste, sie wütend anschrie und zwang, mein Gepäck zur nahen Bushaltestelle zu tragen. Den ganzen Weg über hörte sie nicht auf zu schimpfen, während ich wie ein begossener Pudel hinterherlief.

Im Bus gab sie den beiden 3.000 Som, womit die beiden Männer aber nicht zufrieden waren, denn dieser Betrag war offensichtlich nicht so hoch, wie es eine Taxifahrt gewesen wäre. Nun verdoppelte Rawschan ihre Lautstärke und ließ derartige Schimpfkanonaden auf sie niederprasseln, bis die Männer schließlich einsahen, dass hier nichts mehr zu holen war und widerspruchslos ausstiegen. Nicht nur ich, auch die anderen Fahrgäste waren von Rawschans Auftritt beeindruckt, und endlich fuhr der Bus los.

Zwar fühlte ich mich an diesem ganzen Theater unschuldig, konnte mich aber nicht rechtfertigen, da ich wusste, dass sie nur Usbekisch sprach. Andererseits hätte sich wohl niemand gegen diese rabiaten Männer, die gleich mit meinem Gepäck davonliefen, wehren können. Also schaute ich während der ziemlich langen Busfahrt nur hinaus. Die staubigen, breiten Straßen, die fehlenden Bürgersteige und der chaotische Verkehr erinnerten mich lebhaft an China. Nur schien es hier sauberer zu sein.

Es gab wenig Fußgänger, und als wir uns den Vororten näherten, sah ich immer mal wieder einen Eselskarren, beladen mit Melonen und Obstkisten. Ich fand es erstaunlich, wie schnell man innerhalb von ein paar Flugstunden in eine uns völlig fremde Welt gelangen kann, und ich war gespannt, wie Rawschan wohl wohnen würde.

Wir waren ungefähr 20 Minuten gefahren, als sie mir bedeutete, auszusteigen. Wir bogen von der Hauptstraße ab in eine breite Seitenstraße, und dann schloss sie eine Tür in einer hohen Mauer auf.

Vor uns lag ein Hof, dessen größter Teil gepflastert war, doch gab es auch ein Gemüsebeet. Das Haus war einstöckig. Links unten wohnten sie und ihr Sohn, und nach rechts oben führte eine große Außentreppe, wo sich mein Raum befand.

Stolz zeigte sie mir dort eine breite Matratze, die mit Kopfkissen und Bettdecke in der Mitte des großen Raums auf dem Boden lag. Dann gab es noch einen Stuhl, und das war alles – kein Tisch, kein Schrank, keine Bilder. Sie zeigte mir die Toilette unten in ihrem Trakt, und die kleine Dusche daneben, die noch nicht mal einen Vorhang hatte. Ich schluckte und dachte: Wer braucht schon einen Vorhang? Wenn ich dusche, bin ich wahrscheinlich sowieso alleine zu Hause. Und es ist ja nur für eine Woche.

Sie machte Tee und stellte Brot und Käse hin. Ich holte meine Gastgeschenke hervor und überreichte sie ihr: einen fein gewebten Seidenschal für sie und einen leichten Freizeitrucksack für Turde, ihren 15-jährigen Sohn, der im Laufe des Nachmittags aus der Schule kam und plötzlich im Wohnzimmer stand. Ich sagte „for you“ und reichte ihm mein Geschenk. Ich hatte „thank you“ erwartet, da ja ein Mitglied des Hauses laut Information Englisch sprach, aber er erwiderte nur artig „Kyatta rahmat“ und verschwand wieder in sein Zimmer.

Nun wurde es mir doch etwas mulmig zumute. Ich wusste, dass die Mutter Grundschullehrerin war und mir auch versprochen hatte, dass ich einen Vormittag bei ihr hospitieren dürfte, aber es gab nur sie und ihren Sohn in diesem Haushalt, und dieser Sohn weigerte sich offenbar, mit mir Englisch zu sprechen. Ich sah schwierige Zeiten auf mich zukommen. Mein Sprachführer wurde mein ständiger Begleiter.

Zunächst bedeutete Rawschan mir, alle meine Ausweispapiere zu nehmen und wegen der Aufenthaltsgenehmigung mit ihr in die Stadt zur Behörde zu fahren. Ich war immer noch euphorisch und fand dies alles äußerst spannend, obwohl mir der stumme Sohn schon einen ersten Dämpfer versetzt hatte. Nach den geglückten Behördengängen lud ich Rawschan in der Stadt zu einer Cola und einem Burger in ein Café ein, was sie dankend annahm. Danach fuhren wir wieder mit dem Bus nach Hause.

Im Wohnzimmer, in das eine Küchenzeile integriert war, zeigte sie mir, wo das Geschirr und die Essenssachen für das Frühstück standen. Ansonsten gab es noch ein paar Sitzkissen und einen niedrigen Couchtisch, das war alles. Auch hier keine Schränke, keine Regale, keine Bilder an den Wänden.

Wieder drängte sich mir der Vergleich zu China auf, doch gab es dort wenigstens noch ab und zu ein Bild von Buddha. Später lernte ich ähnlich spärlich möblierte Wohnungen in Usbekistan kennen. Irgendjemand sagte, das seien die Nachwirkungen aus alter Zeit, als die Usbeken noch Nomaden gewesen seien. Ihr spartanischer Lebensstil habe sich bis ins 21. Jahrhundert hin erhalten.

Nun holte ich noch ein weiteres Mitbringsel aus meinem Gepäck, mein sogenanntes „Stäbchenspiel", das ich aus leeren Keksschachteln selbst gebastelt hatte. Es gab zwei Würfel und kleine Holzdübel für vorgefertigte Löcher. Es war sowohl ein Rechen- wie auch ein Glücksspiel und war zum Verschenken gedacht. Vor allem in China hatte es großen Anklang gefunden, und ich war sicher, dass es Rawschan und Turde auch gefallen würde.

Da sich unsere Kommunikation hauptsächlich mimisch abspielte, mit gelegentlichen Sätzen aus meinem Sprachführer, war es wirklich nicht leicht, Rawschan die Spielregeln zu erklären. Ich fand, dass sie sich für eine Lehrerin selten begriffsstutzig anstellte, aber irgendwann fiel der Groschen und sie strahlte über das ganze Gesicht, da sie nun die Regeln verstanden hatte. Wir spielten eine Proberunde, wobei sie sogar gewann.

Ich breitete meine zehn Schachteln in verschiedenen Designs auf dem Tisch aus und bedeutete ihr, sich ein Spiel auszusuchen. Sie sagte „Kyatta rahmat“ und begann, alle einzusammeln. Ich reagierte erschrocken, denn ich stand erst am Anfang meiner Reise und wollte mit Hilfe der Spiele neben den Lesezeichen viele weitere Kontakte knüpfen. Ich sagte „joq“ („nein“) und hielt einen Finger in die Höhe. Dann sagte ich noch „bir“, was „eins“ heißt, denn die Zahlen kannte ich ja auch.

Ich bin sicher, es war Rawschan bewusst, dass sie gegen meinen Willen handelte, aber ihrer Ansicht nach war es wohl ihr gutes Recht, uns deutschen Kapitalisten so viel wie möglich von unserem Reichtum zu nehmen, da sie ja an ihrer eigenen, im Vergleich zu uns ärmlichen Situation schuldlos sei und jeder zuerst an sich selbst denken müsse. Ohne ein weiteres Wort zu verlieren, nahm sie tatsächlich alle zehn Spiele an sich und verschwand in ihrem Zimmer.

Eine Aufklärung dieser ihrer Denkweise wurde mir von einer Freundin von Rawschan vermittelt, die einen Tag vor meiner Abreise plötzlich bei uns auftauchte. Fotima sprach fließend Deutsch, unterrichtete hier an der Universität Philosophie, war sehr nett und beantwortete mir an diesem letzten Tag 1.000 Fragen, die sich im Laufe der Woche bei mir angesammelt hatten und mich manche Dinge, die ich bis jetzt nicht verstanden hatte, in einem anderen Licht sehen ließen.

An diesem ersten Tag jedoch traf mich Rawschans unangemessenes Verhalten sehr. In einem Hotel mitten im Zentrum wäre ich besser untergebracht gewesen, dachte ich, die Toilette wäre näher gewesen, ich hätte Informationen auf Englisch bekommen, müsste nicht mittags und abends zu einer bestimmten Zeit zu Hause sein, weil dies Rawschan so passte, hätte keine so lange Anfahrt mit dem Bus, und niemand hätte mir zehn Stäbchenspiele auf einmal abgenommen.

Traurig schaute ich in meine Reisetasche und entdeckte in einer Falte noch versteckt ein 11. Spiel, das ich beim Auspacken übersehen hatte. Wenigstens eins hast du noch retten können, dachte ich, mal sehen, wem du es schenkst.

Ganz verloren saß ich an diesem ersten Abend auf der Matratze in meinem Zimmer, hatte keine Handy-Verbindung nach Deutschland bekommen, um meinen Kindern mitzuteilen, dass ich gut gelandet war, hatte Verständigungsschwierigkeiten, fühlte mich nicht willkommen ... aber ich war in Samarkand!

Ich gab mir innerlich einen Ruck, schlug entschlossen meinen Reiseführer, den „Lonely planet" auf und sagte zu mir: Hör zu, es wäre doch echt langweilig, wenn immer alles glatt laufen würde. Im Grunde ist nichts Schlimmes passiert, außer dass diese VIA-Organisation Mist ist. Das konntest du aber vorher nicht wissen. Also reiß dich zusammen und sei froh, dass du hier ein Zimmer hast und gesund bist.

Oft hilft es in schwierigen Situationen, auftauchende Probleme, die sich nun mal nicht abschaffen lassen, von der positiven Seite her anzugehen und zu versuchen, sie zu akzeptieren. Zum Beispiel störte mich das nervtötend laute Zirpen der Grillen entsetzlich. Denn kaum hatte ich mich nachts zum Schlafen hingelegt, ging es los und wurde immer lauter, je mehr ich mich darüber ärgerte.

Da schaffte ich es, mir durch Autosuggestion einzureden, dass die Grillen es gut mit mir meinten und mich jede Nacht in den Schlaf singen wollten. Die Folge waren nach und nach tiefe, traumlose, erholsame Nächte, die es sicher nicht gegeben hätte, wenn ich den Ärger nicht in Akzeptanz umgewandelt hätte.

Ich suchte nach weiteren positiven Gedanken und las mir laut Goethes herrliche Zeilen aus dem „Westöstlichen Diwan“ vor, die ich zu Hause voller Vorfreude in mein Tagebuch geschrieben hatte:

Getrocknet honigsüße Früchte
von Buchara, dem Sonnenland,
und tausend liebliche Gedichte
auf Seidenblatt von Samarkand.

Als eine der ältesten Städte Zentralasiens ist Samarkand mit seinen heute 405.000 Einwohnern schon immer ein Umschlagplatz für den Handel entlang der Seidenstraße gewesen. Über 2.760 Jahre ist sie alt. Alle paar Jahrhunderte wechselten ihre Herrscher und hinterließen ihre Spuren: 329 v. Chr. eroberte Alexander der Große die Stadt, 97 n. Chr. gelangte sie unter die chinesische Herrschaft der Han-Dynastie. Dann herrschten vom 2.-7. Jahrhundert die Türken. Sie gründeten hier die erste Papierfabrik, denn chinesische Gefangene hatten ihnen beigebracht, wie man aus Lumpen Papier herstellt. Daraus entwickelte sich die hochangesehene Kalligraphie und die berühmte Miniaturmalerei.

Im 8. Jahrhundert kam Dschingis Khan, der vieles zerstörte, und 1369 wurde sie unter Timor, von dem wir später noch mehr hören werden und der sie um viele großartige Gebäude erweiterte, zur Hauptstadt erklärt. Um 1600 verlagerte sich das Zentrum der Macht auf das westlich gelegene Buchara, und von 1720–1770 war die Stadt infolge von mehreren Erdbeben tatsächlich völlig unbewohnt. Ab 1868 kam sie dann unter russische Herrschaft, und 20 Jahre später wurde sie an das Schienennetz der transsibirischen Eisenbahn angeschlossen. 1924 wurde Usbekistan offiziell der Sowjetunion eingegliedert mit Samarkand als Hauptstadt. Sie verlor aber sechs Jahre später diesen Status wieder, da Taschkent ihr den Rang ablief und ihn bis heute auch behalten hat.

Eine wechselvolle Geschichte! Als erstes Besuchsprogramm nahm ich mir den „Registan" vor, einen Riesenplatz im Zentrum, bestehend aus vielen Gebäuden wie Koranschulen, Vorlesungssälen, Wohnheimen mit Zellen für Studenten, Moscheen, Innenhöfen und weitläufigen Gängen, zu denen früher auch Basare gehört hatten. Alles kann heute besichtigt werden. Herrliche Majolika-Arbeiten, Mosaike, Holzschnitzereien, wunderschöne Moscheen ließen mein Herz höher schlagen. In der Beschreibung meines Reiseführers las ich, dass die Zellen der Studenten nur ein Fenster zum Innenhof hatten, nicht aber nach außen hin, um sie nur ja nicht durch allzu weltliche Anblicke vom Studium der Geisteswissenschaften abzulenken. Heute sind sie zu Verkaufsräumen für Souvenirs und Handwerkerkunst umfunktioniert.

Die großen Plätze wurden vor allem von Timur im 14. Jahrhundert für Paraden und Gesetzesverkündungen benutzt, aber auch für öffentliche Hinrichtungen, was damals nichts Ungewöhnliches war. Als ich las, dass dort noch 1868 zur Abschreckung abgeschlagene Köpfe von Regimegegnern auf Stangen zur Schau gestellt wurden, lief mir trotz der freundlich scheinenden Sonne ein kalter Schauder über den Rücken.

Ich hatte mir am Vorabend, als ich mit Rawschan in die Stadt gefahren war, gemerkt, dass ich den Minibus Nr. 2 an der Hauptstraße, nicht weit von unserem Haus, ins Zentrum nehmen konnte. Wenn der Bus kam, winkte man, stieg hinten ein, reichte Kleingeld vorne zum Fahrer durch und sagte laut und deutlich, welches Ziel man hatte. Das klappte wirklich, als ich endlich zum ersten Mal alleine unterwegs war.

Aber nun sollte ich ja um 13 Uhr wieder zu Hause sein, weil Rawschan dann das Mittagessen für mich bereithielt. Ich fluchte innerlich, da ich lieber auf dem „Registan" geblieben wäre, machte mich aber wohl oder übel auf die Suche nach Bus Nr. 2.

Leider hatte ich keinen Erfolg. Ich fragte mehrere Fahrer, las laut den Namen meiner Straße vor, aber alle zuckten nur die Schultern und fuhren weiter. Also musste ich ein teures Taxi anhalten, denn zum Laufen war der Weg viel zu weit.

Der Taxifahrer ließ mich einsteigen, las den Namen der Straße und Rawschans Namen und Adresse, zuckte ebenso wie die Busfahrer die Schultern und rief sie kurzentschlossen an. Sie ließ einen Schwall von Worten los. Der Fahrer nickte und lieferte mich 20 Minuten später wohlbehalten vor meinem Tor ab. Er verlangte 4.000 Som, während ich morgens im Bus nur 400 bezahlt hatte. Ich versuchte zu handeln, da ich gehört hatte, dass das in Usbekistan zum Leben dazugehört, aber der Taxifahrer ließ sich auf nichts ein, so dass ich zähneknirschend bezahlte.

Immer noch innerlich geladen, betrat ich das Haus. Rawschan stand am Herd, hatte Nudeln und Hackfleisch gemacht und bereitete gerade einen Salat vor. Ich versuchte, ihr auf Englisch klarzumachen, dass ich nicht gewillt sei, jeden Tag ein teures Taxi nach Hause zu nehmen. Welche Linie fährt zurück, und wie heißt die Haltestelle? Den Namen ihrer kleinen Straße hatte ja niemand gekannt. Sie schaute kurz auf und sagte: „Damas on bir, Stopp Bazar".

Dann trug sie die Teller zum Tisch. „Damas" heißt „Bus", und „on bir" „11", und „Bazar" hieß also meine Haltestelle. Ich war baff, dass sie meine Beschwerde auf Englisch sogar verstanden hatte und sagte noch, gut erzogen wie ich war: „Kyatta rahmat."

Aber innerlich sagte ich zu mir: Das ist ein weiterer Minuspunkt auf deinem Konto, liebe Rawschan. Es ist dir völlig egal, wie ich mich in deiner Stadt zurechtfinde.

Du gibst mir keine Tipps für Besichtigungen und siehst nur zu, dass du den größtmöglichen Profit aus meinem Besuch herausschlägst. Ehrlich gesagt, finde ich dein Verhalten enttäuschend. Stumm verzehrten wir unser trotzdem wohlschmeckendes Mittagessen. Ihr Sohn war offenbar noch in der Schule. Sie bedeutete mir, gegen 18 Uhr nach Hause zu kommen, weil es dann wieder ein warmes Essen gäbe. Das blieb dann auch unsere Routine: Morgens schlief ich aus und machte mir alleine ein mageres Frühstück, da Mutter und Sohn das Haus schon verlassen hatten. Den Vormittag verbrachte ich in der Stadt.

Gegen 13 Uhr fuhr ich zurück, und wir aßen Reis mit irgendwelchen Zutaten. Den Nachmittag verbrachte ich erneut mit Besichtigungen, bis es um 18 Uhr wieder eine warme Mahlzeit gab. Manchmal waren wir nur zu zweit, aber manchmal war Turde dann auch aus der Schule zurück und aß mit uns zusammen. Er blieb die ganze Woche mir gegenüber stumm. Damals schob ich es auf seine Pubertät. Heute glaube ich, dass er schlicht und einfach gelogen hatte und kein Wort Englisch sprach.

Vom Ablauf her gesehen war das eine erzwungenermaßen sehr ruhige, gleichmäßig verlaufende Woche, die ich mir eigentlich anders vorgestellt hatte. Nach dem Abendessen ging ich immer auf mein Zimmer, um zu schreiben und den nächsten Tag vorzubereiten. Wenn ab und zu der Strom ausfiel, kam kurz darauf Turde in mein Zimmer – immerhin nicht, ohne vorher angeklopft zu haben –, und stellte mir wortlos eine Kerze hin.

Ein Besichtigungsprogramm zusammenzustellen, war mit Hilfe meines „Lonely planet" kein Problem. Wie ich es mir schon nach dem Studium der Bildbände aus der Bücherei zu Hause vorgestellt hatte, fiel ich dabei von einem Entzücken ins andere. Außer dem „Registan", den ich gleich zwei Mal hintereinander besuchte, ging ich in die „Biby-Khanym"-Moschee aus dem 14. Jahrhundert. Ein riesiger steinerner Koran in Buchform stand davor. Ich hörte bei einer englischen Führung zu, die von der Legende erzählte, dass Frauen, die unter dem Buch hindurchkriechen würden, viele Kinder bekämen. Doch niemand aus der Gruppe, mich eingeschlossen, schien dies ausprobieren zu wollen. Ich besuchte das „ Sha-I-Zinda"-Mausoleum und einen riesengroßen, sogar überdachten Basar dort in der Nähe. Obwohl ich nichts kaufen wollte, war es sehr spannend, all diese orientalischen Angebote anzusehen und vor allem auch zu riechen.

Das größte Museum, das „Museum for culture and history", gab einen guten Überblick über die Stadtentwicklung von Samarkand. Das „Guri Amir Mausoleum" beherbergt große Steinsärge von Timur, je zweien seiner Söhne, seiner Enkelkinder und seiner Lehrer. Dieser Innenraum ist wunderschön ausgeschmückt mit Majolika-Kacheln und verzierten Säulen. Der Islam verbietet das Darstellen von Menschen oder auch nur menschlichen Gesichtern, aber diese Blumengirlanden und abstrakten Muster ließen keine Wünsche offen.

Zufällig war ich zwischen eine deutsche Gruppe aus Osnabrück geraten, deren deutschen Erklärungen ich natürlich gerne zuhörte. Allerdings fand ich es doch sehr peinlich, als plötzlich ein Mann aus ihrer Mitte die Stimme erhob und mehrmals laut rief: „Lieber Gott, ich danke dir, dass es mir vergönnt ist, diese einmalige Schönheit noch zu Lebzeiten bestaunen zu dürfen. Lieber Gott, ich danke dir!“

Einige lachten, andere guckten betreten zur Seite, und ich dachte: Shut up, deine Gefühle interessieren hier niemanden. Aber natürlich war auch ich in höchstem Maße beeindruckt von der Einzigartigkeit dieses Raumes wie auch der golden und blau glänzenden Kuppel draußen, die weithin in der Sonne leuchtete.

Es war nur logisch, dass sich die an Kultur interessierten Touristen immer mal wieder über den Weg liefen, obwohl Samarkand ja eine große Stadt ist. Die Osnabrücker traf ich noch zweimal in anderen Museen, wo man sich dann freundlich begrüßte. Aber so einen deplatzierten Gefühlsausbruch wie am Grabstein Timurs leistete sich dieser Mann, der übrigens ein Pfarrer war, wie ich auf Nachfrage erfuhr, zum Glück nicht wieder.

Es folgten die Besichtigungen des „Rukhobod“-Mausoleums, des „Afro-Siab“-Museums und der „Hazrat-Hizr“-Moschee. Inzwischen kannte ich mich schon gut aus in Samarkand, hatte die Post entdeckt und einige Internetcafés, wusste, welche Buslinien wohin fuhren und wo ich mich hinstellen musste, damit ich mitgenommen wurde. Es gibt nämlich nur selten markierte Bushaltestellen. In Samarkand wurden für den Stadtverkehr nur Kleinbusse mit höchstens zehn Sitzplätzen eingesetzt. Vorne an der

Windschutzscheibe war ein Schild mit der Endstation der Busnummer befestigt, und man musste nie lange warten, bis der nächste Bus kam.

Da ich ja täglich mindestens zweimal hin- und zurückpendelte und sowieso durch meine Kleidung als Ausländerin auffiel, kannten mich bald alle Fahrer auf dieser Linie. Es kam vor, dass sie, wenn sie mich auf der anderen Straßenseite erblickten, hupten und in die Gegenrichtung zeigten, um anzudeuten, dass sie mich auf dem Rückweg gerne wieder mitnehmen würden. Natürlich winkte ich jedes Mal fröhlich zurück.

Am zweiten Tag meines Aufenthaltes durfte ich um 9 Uhr bei zwei Unterrichtsstunden von Rawschan in der Grundschule dabei sein. Um einen Schulbesuch hatte ich ja gleich am Anfang, als ich von Deutschland aus Kontakt aufnahm, gebeten, und dieses Versprechen hielt sie auch ein.

Ihre Klasse bestand aus 31 Jungen und Mädchen in Schuluniform, weißem Hemd und dunklem Rock oder Hose. Manche der Jungen hatten sogar einen Schlips umgebunden, manche der Mädchen eine Schleife im Haar. Sie besuchten die Grundschule im dritten Jahr. Alle waren sehr artig und hörten gut zu. Zuerst gab es Geographie, dann Mathematik. Zwar verstand ich kein Wort, doch fiel mir auf, dass ein Foto des Präsidenten Karimov an der Wand hing, und dass Rawschan sehr viel redete und hauptsächlich frontal unterrichtete.

Ich genoss es, mal wieder Schulluft zu schnuppern, in der Gewissheit, pensioniert und frei zu sein. Zu Hause beim Mittagessen bedankte ich mich gebührend für ihre Mühe, mich eingeladen zu haben. Leider reichte mein Wortschatz nicht aus, um Fragen nach dem Lehrplan und dem ganzen Schulsystem stellen zu können, was mich natürlich interessiert hätte.

Am Dienstag war ich angekommen. Am Freitag nach dem Mittagessen hatte ich das erste Mal Durchfall. Er war nicht schlimm, und ich tat ihn als ein „Versehen" ab, da ich ja schon zu Hause die Prophylaxe-Behandlung mit Perenterol begonnen und hier auch fortgesetzt hatte.

Am Sonntagnachmittag lernte ich dann Rawschans Freundin Fotima kennen. Sie bedauerte, nicht schon früher gekommen zu sein, aber sie hatte viel zu tun. Außerdem war sie hochschwanger und gehörte mit 37 Jahren als Erstgebärende sicher auch zu der Gruppe der Risikopatientinnen.

Sie erzählte unter anderem, dass die Familie in Usbekistan eine große Bedeutung habe, und dass man bis zum Tod zusammenbliebe, weshalb es auch keine Seniorenheime gäbe. Wenn Töchter heiraten, ziehen sie zu der Familie ihres Mannes, und von den Söhnen kümmert sich der Älteste um seine Eltern. Rawschan und Turde würden also bis zum Ende ihres Lebens zusammenwohnen.

Fotima fragte, wie mir ihr Nationalgericht „Plow" gefallen hätte. Ich lobte es sehr, obwohl mir kein großer Unterschied zu Rawschans anderen Reismahlzeiten aufgefallen war. Plow besteht aus Reis, Rüben, Lammfleisch und Zwiebeln. Dazu wird Tomaten-Gurkensalat und der unvermeidliche Tee gereicht.

Fotima erzählte weiter, dass Rawschan es nach ihrer Scheidung als alleinerziehende Mutter nicht leicht gehabt hätte. Das Haus sei zwar ihr Besitz, aber sie bekäme als Lehrerin nur 100 Dollar im Monat und könne sich weder eine Spül- noch eine Waschmaschine leisten.

Sie sei auf zahlende Gäste wie mich angewiesen und würde sich alle ihre Kleider selbst nähen. Turde sei gut erzogen, wenn auch etwas verschlossen. Sie selbst und ihr Mann freuten sich sehr auf ihr erstes Kind, und zunächst wolle sie nach der Geburt auf jeden Fall zu Hause bleiben.

Leider musste sie bald wieder aufbrechen, versprach aber, am Montag vor meiner Abfahrt noch einmal vorbeizuschauen. Ich hatte sie mit ihrer natürlichen, freundlichen Art sofort in mein Herz geschlossen und bedauerte sehr, sie erst so kurz vor meiner Abfahrt kennengelernt zu haben.

Als neues Reiseziel hatte ich mir das ca. 50 km entfernte, südlich gelegene Shahrisabz ausgesucht, wo Timur sich seinerzeit einen Riesenpalast hatte bauen lassen und das laut Reiseführer „einen Besuch wert sei“. Dafür hatte ich in der Touristinformation einen Sitz in einem Sammeltaxi gebucht, das Dienstagmittag vom Zentrum aus losfahren würde.

Rawschan wusste von meinen Plänen. Als wir Sonntagabend zu dritt wie üblich stumm unser Reisabendessen verzehrten, sagte sie plötzlich auf Englisch: „Last evening all guests us invite for dinner.“ Vor Überraschung fiel mir fast der Löffel aus der Hand. Rawschan sprach Englisch mit mir, obwohl der Satz wie auswendig gelernt klang. Und sie erwartete ernsthaft, als Dank für ihre sogenannte „Gastfreundschaft", dass ich sie an meinem letzten Abend groß ausführte? Und Turde dazu? Beide sahen mich erwartungsvoll an.

Viele Gedanken schossen mir durch den Kopf, angefangen von ihrer nicht existierenden Hilfsbereitschaft in Bezug auf die Gestaltung dieser Woche, über die fehlende Margarine seit dem ersten Tag beim Frühstück und die zehn zu Unrecht eingesammelten Stäbchenspiele. Andererseits sah ich ihre Armut, verstand plötzlich sogar ihren Neid auf mich und all die Möglichkeiten, die mir offenstanden, ihr aber nicht. Ich holte tief Luft und sagte: „Okay, but Fotima must come, too." Und dann fiel mir gleich noch ein: „What about my passport?" Sie winkte ab: alles sei okay.

Am Montag, meinem letzten Tag dort, wusch ich vormittags meine Haare und setzte mich zum Trocknen auf die Treppe vor meinem Zimmer in die Sonne. Ich dachte: Noch nicht mal einen Föhn gibt es hier. Was machen die Usbeken mit ihrer Wäsche und ihren Haaren, wenn es mal lange regnet und kalt ist?

Ich freute mich, dass ich bis jetzt so viel Glück mit dem Wetter gehabt hatte. In der Tat erlebte ich während des gesamten Urlaubs nur einen einzigen Regentag, den ich praktischerweise in einem Taxi auf der Fahrt von einer Stadt in die andere verbrachte.

Fast wehmütig fuhr ich ein letztes Mal in die Stadt und entdeckte ein Kaufhaus, das ein bisschen westlich anmutete. Ich fand eine große laminierte Karte von Usbekistan, die ich für meine kommenden Lichtbildvorträge brauchen würde. Eng zusammengerollt war sie genau so lang wie mein Rucksack und bedeutete keine Belastung für die Weiterreise.

Ich tauschte in einer Bank mal wieder 100 Dollar in Som um, denn morgen fuhr ich in unbekannte Gebiete, und es war immer ratsam, einen gewissen Betrag von usbekischem Bargeld bei sich zu haben. Ich dachte: Gut, dass ich in meiner Bauchtasche direkt auf dem Körper meine „Bank" mit mir herumtrage. Das ist besser, als mit Visa-Karten zu hantieren, die gestohlen werden können oder verloren gehen. Vergiss nicht, was dir in Israel passiert ist.

Tatsächlich hatte ich dort zwei Jahre zuvor auf eine mir bis heute unerklärliche Weise meine Visa-Card verloren. Ich stand am Automaten in Jerusalem und zog die Hülle aus der Tasche heraus, um Geld abzuheben. Aber die Hülle war leer! Irgendwo war die Karte wohl unbemerkt herausgefallen. Die folgenden Telefonate mit meiner Bank in Deutschland waren ätzend, und für den Rest des Urlaubs hat mich meine EC-Karte gerettet. Den Schock dieser leeren Hülle spüre ich manchmal noch heute.

Ich tätschelte zufrieden den durch die vielen Dollarnoten etwas angeschwollenen Bauch und beschloss, an meinem letzten Tag in Samarkand noch einmal über den „Registan" zu schlendern. Das Packen am Abend würde kein Problem darstellen, und mit dem Abendessen für meine Gastgeber hatten sich auch eventuelle Abschiedsgeschenke erübrigt.

Als ich endlich zum letzten Mal alleine mit dem Bus nach Hause fuhr, überlegte ich, ob die anderen VIA-Gäste wohl wirklich zum Abschluss großartig zum Abendessen eingeladen hatten? Was hatte ich falsch gemacht, dass zwischen Rawschan und mir keine Sympathie entstanden war, jedoch sofort bei Fotima? Für Rawschan hätte mir am Schluss ein Händedruck gereicht, wobei ich wahrscheinlich gedacht hätte: „Nie wieder VIA!"

C'est la vie, dachte ich seufzend, als ich abends nach dem Packen zu meinen Gastgebern hinunterging und wünschte, dass das Abschiedsessen bald vorbei sein möge. Wir fuhren zu dritt mit einem Taxi in ein mir unbekanntes Lokal, wo Rawschan draußen im Garten einen Tisch für uns reserviert hatte. Fotima kam auch bald dazu, und ich bestellte Schaschlik, Salat und Cola für uns vier. Wie leicht die Unterhaltung plötzlich war mit einer guten Dolmetscherin! Rawschan taute direkt auf, erzählte von ihren früheren deutschen Gästen, die Fotima auch alle kennengelernt hatte.

Sogar Turde beantwortete ein paar meiner Fragen nach seiner Schule und seinem Lieblingsfach Mathematik. Ich überlegte kurz, ob ich ihn nach dem Fach Englisch fragen sollte, aber dann kam mir das doch zu kindisch vor. Irgendwie hatte ich die Woche ja überstanden, und der englische Spruch „let bygones be bygones" hat meiner Ansicht nach ab und zu durchaus seine Berechtigung.

Bald mussten wir dann aufbrechen, da mein Pass von der Registratur abgeholt werden sollte. Ich zahlte schnell, umgerechnet nur 12 € für ein gutes Abendessen zu viert. Ich wunderte mich, da mir 20 Uhr für einen Behördengang eine ungewöhnliche Zeit zu sein schien. Ein Taxi brachte uns dorthin. Diesmal wurden wir gleich eingelassen. Wieder standen Rawschan und ich vor dem Schreibtisch des Beamten, der betont langsam meinen Pass aus der Schublade holte. Er unterschrieb das Formular, das Rawschan ihm reichte, hätte uns wohl gerne noch ein bisschen schikaniert, beließ es dann aber bei einigen unfreundlichen Worten an sie und einem kalten Blick auf mich, und dann waren wir entlassen.

Im Taxi fragte ich Fotima, ob es üblich sei, abends um 20 Uhr auf der Registratur zu erscheinen. „Nein", antwortete sie, „normalerweise ist zu dieser Zeit kein Publikumsverkehr mehr. Wir haben natürlich vorher telefoniert, da der Beamte seine Unterschrift unter die Beendigung deines Aufenthaltes in Samarkand erst am Tag vor deiner Abfahrt geben darf. Aber er wollte vorher noch zu einem Fußballspiel und hat uns diese Zeit genannt, in der er bereit war, zu unterschreiben."

Mir sträubten sich die Nackenhaare! Was für eine Einstellung, die Bevölkerung die Macht des Staatsapparates durch willkürliche Terminvorgaben spüren zu lassen! Aber immer noch glaubte ich, dies brauchte mich alles nicht zu kümmern, da ich viel zu unwichtig sei, um für die Regierung von Interesse zu sein.

Am nächsten Tag hieß es dann wirklich, Abschied zu nehmen. In Usbekistan ist es üblich, auch längere Fahrten durch das Land mit Sammeltaxis durchzuführen. Als ich vor einem halben Jahr auf der Tourismusbörse in Hamburg am usbekischen Stand nach den dortigen Transportmöglichkeiten gefragt und die Antwort „das macht man alles im Taxi“ erhielt, hatte ich dem Mann nicht geglaubt. Unvorstellbar, dass Taxis Bus und Bahn ersetzen sollten! Doch das System funktioniert wirklich und ist außerdem erstaunlich preiswert.

Die Organisation geschieht über die Touristinformationen. Ein großer Vorteil ist, dass jeder Fahrgast direkt vor seiner Haustür abgesetzt wird. Sind noch Einkäufe zu erledigen, wird oft an einem der zahlreichen Verkaufsstände an den Schnellstraßen angehalten, um sich mit allem Möglichen einzudecken.

Ich erinnere mich an große Gestelle voller Fleisch am Straßenrand, wo die Steaks je nach Bedarf frisch abgesäbelt werden, und an riesige Melonenhaufen, bei denen die Früchte fachgerecht mit einer Waage mit Gewichten wie aus dem Mittelalter gewogen und bezahlt werden. Auch gibt es zahlreiche Käse-, Obst- und Blumenstände, alles eine sehr praktische Einrichtung.

Mein Taxifahrer nach Shahrisabz wartete auf dem Abfahrtsplatz im Zentrum schon auf mich. Zu Hause hatte ich mich recht kühl von Turde verabschiedet, aber Rawschan und Fotima begleiteten mich bis zur Abfahrt in die Stadt. Fotima las laut das Autokennzeichen vor, so dass es der Fahrer mitbekam, und forderte mich auf, gleich anzurufen, wenn ich angekommen sei.

Zu mir sagte sie leise: „Er soll nicht denken, dass du hier alleine bist. Das ist nur eine Vorsichtsmaßnahme, falls er vorhat, dich verschwinden zu lassen." Ich fragte mich, ob sie jetzt völlig durchdreht und wünschte ihr alles Gute für das Baby. Rawschan drückte mir eine Kette mit weißen kleinen Perlen in die Hand und sagte: „For health."

Gesundheit kann nie schaden, dachte ich, als ich mich bedankte, und dann hupte der Fahrer, der endlich losfahren wollte. Ein anderer Usbeke und ich stiegen ein, er vorne, ich hinten, ein letztes Winken und Rufen, ein letzter Blick auf die beiden jungen Frauen, und dann fuhren wir los. Ich lehnte mich zurück und schloss die Augen. Die erste Woche meines usbekischen Abenteuers war vorbei.

Um die weitere Entwicklung vorwegzunehmen: Wie versprochen, rief ich Fotima gleich nach der Ankunft in Shahrisabz an, und im Laufe meines Urlaubs schickte ich ihr auch ab und zu Mails, um von meinen Abenteuern zu berichten. Mit Rawschan konnte ich wegen der Sprachbarriere ja nicht kommunizieren. Ich richtete natürlich jedes Mal Grüße an sie und Turde aus. Fotima antwortete auf meine Mails stets freundlich und ausführlich. Nach einem Weihnachtsgruß von zu Hause aus hoffte ich dann auf die Nachricht von der Geburt des Babys, das im Januar erwartet wurde. Als ich lange nichts von ihr hörte, dachte ich: Schade, dass der Kontakt abgebrochen ist. Es wird ihr doch nichts passiert sein?

Im März des folgenden Jahres dann klingelte es plötzlich an meiner Tür: Rawschan und die deutsche VIA-Vertreterin aus Hamburg standen unten! Ich konnte meinen Augen kaum trauen! Rawschan sagte auf Englisch, VIA hätte sie für eine Woche nach Deutschland eingeladen.

Nun seien sie zufällig hier, und ob sie kurz hereinkommen dürften? Natürlich durften sie, obwohl ich an die „Zufälligkeit" nicht ganz glauben konnte. Ich bot ihnen etwas zu trinken an, gratulierte Rawschan zu ihren Englischkenntnissen, erkundigte mich nach Turde und besonders nach Fotima, die mich am meisten interessierte. Die Deutsche aus Hamburg erzählte mir dann die ganze traurige Geschichte:

Fotima war im Januar zu einer letzten Kontrolluntersuchung vor der Geburt in Samarkand ins Krankenhaus gefahren. Auf dem Gang dort wurde ihr plötzlich schlecht. Sie bekam keine Luft mehr und wurde ohnmächtig. Es gelang den Ärzten nicht, sie zurückzuholen. Sie fiel ins Koma, und kurz darauf starb sie, und das Baby auch.

Ich war wie gelähmt. Wie hatte das passieren können? Sie war doch gesund gewesen! Ich wollte mehr hören, aber meine Besucherinnen konnten oder wollten nicht mehr erzählen. Unser Gespräch verstummte.

Nach ein paar Minuten sagte ich, dass ich viel zu tun hätte, aber ich würde beide noch gerne zu einem Eisbecher auf den Rathausplatz einladen. Wir schlenderten durch die Innenstadt und saßen noch ein bisschen im Café, ehe wir uns endgültig verabschiedeten.

Ich weiß nicht mehr, wie mein Eis geschmeckt hatte. Ich weiß nur noch, dass ich tieftraurig über diese viel zu früh ausgelöschten beiden Leben war.

Immer wieder kamen Fragen hoch: Warum hatte die in heutiger Zeit doch so fortschrittliche Medizin hier nicht geholfen? Lag es daran, dass Usbekistan nicht auf dem neuesten Stand der medizinischen Forschung war? Hatte Fotimas Tod gar politische Gründe? Hatte man sie absichtlich sterben lassen? Nein, das klang doch zu abwegig. Aber es dauerte lange, bis ich ihren und ihres Babys Tod verkraftet hatte. Danach habe ich nie wieder etwas von VIA gehört.

Shahrisabz

Zurück zur Taxifahrt nach Shahrisabz. Vor uns lag ein Höhenzug, dem wir uns zügig näherten. Die beiden Männer vorne im Auto tauschten ab und zu ein paar Bemerkungen aus, die sich wohl auf die Landschaft bezogen.

Es war eine friedliche, normale Taxifahrt, bis plötzlich links von uns auf der Überholspur ein anderes Auto auftauchte. Dort saß nur ein junger Mann am Steuer, der auf gleicher Höhe mit uns blieb, sein Fenster herunterkurbelte und etwas zu uns herüberrief. Sofort kurbelte auch unser Fahrer sein Fenster herunter. Wahrscheinlich kannten die beiden sich, denn laute Fragen und Antworten flogen hin und her.

Und plötzlich gaben beide Gas, und es begann ein Autorennen, wie ich es bis jetzt nur vom Fernsehen her kannte. Ich wurde von der Beschleunigung tief in die Polster gedrückt und hatte die ganze Zeit nur einen Gedanken: Gleich kracht es!

Jeder Fahrer versuchte, sich durch höhere Geschwindigkeit einen Vorteil über seinen Gegner zu verschaffen. Aber es war nur eine zweispurige Straße, und ab und zu musste einer zurückweichen und die Gegenfahrbahn freimachen, wenn in der Ferne ein anderes Auto auftauchte. Beide Fahrer feuerten sich gegenseitig durch immer lautere Rufe an. Mit irrer Geschwindigkeit näherten wir uns auf einer immer steiler ansteigenden Straße dem Gipfel des Berges. Seite an Seite erreichten wir ihn endlich, also stand es unentschieden.

Beide Autos schwenkten nun in eine Haltebucht ein und kamen bei laufendem Motor zum Stehen. Vor uns lag ein weites Tal mit einem wunderbaren Ausblick auf kleine Ortschaften und weitere Höhenzüge, die ich allerdings in diesem Augenblick nicht genießen konnte. Der zweite Rallyefahrer schrie ein paar Abschiedsworte, ehe er nach links in ein anderes Tal einbog. Wir fädelten uns wieder in die Hauptstraße ein und setzten unseren Weg fort, als sei nichts geschehen. Ich dachte nicht zum ersten und nicht zum letzten Mal: Das war knapp!

Diese Worte scheinen rückblickend der rote Faden zu sein, der sich durch meinen Urlaub hindurchzog: Mal waren es die Spuren, die das Baumwollöl hinterließ, freche Jungen oder Beinahe-Unfälle auf der Straße; mal hatte ich mich verirrt, oder es war die Politik in Gestalt der Geheimpolizei. Alle diese Vorkommnisse trafen mich jedes Mal völlig unvorbereitet und erzeugten Panik, da ich ja keinen Einfluss auf ihren Verlauf nehmen konnte. Zu meiner großen Erleichterung ging aber alles immer glücklich aus.

Kurz vor Shahrisabz fuhren wir dann in gemäßigtem Tempo in das Tal vor uns hinunter. Bald gab es den nächsten Stopp, als beide Männer sich an einem Stand an der Straße mit Weintrauben, Tomaten und vielen Fleischstücken eindeckten. Danach folgten zwei Polizeikontrollen, die für mich eine neue Erfahrung waren, die ich aber später noch oft erlebte. Es lief immer nach demselben Schema ab: Die Polizisten ließen sich die Fahrerlaubnis zeigen und winkten uns dann durch. Wenn man genau hinsah, konnte man bemerken, wie beim Vorzeigen der Papiere einige Scheine aus dem Auto heraus den Besitzer wechselten. Bezahlung, Bestechung, Korruption? Da ich dies oft erlebte, schien dies zum Alltag in Usbekistan dazuzugehören.

Was ich hier aber zum ersten und einzigen Mal sah, war die Tatsache, dass sich mein Taxirennfahrer nach dem Einkaufsstopp, bevor er den Motor wieder anließ, irgendein grünes Zeug in die Nase stopfte. Natürlich dachte ich gleich an Drogen, hatte aber diese Art der Einnahme nie vorher gesehen. Er benahm sich danach auch in keiner Weise anders als sonst. Das Rätsel dieses Grünzeugs blieb also für immer ungeklärt.

Als wir uns Shahrisabz näherten, fragte der Fahrer nach dem Namen meines Hotels. Dummerweise hatte ich ihn mir nicht gemerkt, aber in meinem Reiseführer stand, dass es nur ein Hotel in diesem kleinen Ort mit nur 75.000 Einwohnern gab.

Also antwortete ich: „Hotel in the centre." Ich hatte kein Zimmer reserviert, da ich nicht damit rechnete, dass in diesem nicht sehr bekannten Ort alles ausgebucht sein würde.

Als wir uns dem Zentrum näherten, zogen sich die Straßen endlos hin, aber von einem Hotel war nichts zu sehen. Ich merkte, dass sich die gute Laune des Fahrers verschlechterte, da er mich ja an meiner Adresse absetzen musste. Plötzlich öffnete sich rechts an der Straße eine breite Auffahrt, an deren Ende ein Riesenhotelkomplex in leuchtendem Orange und der Aufschrift „Hotel Shahrisabz" stand. Sofort bog mein Fahrer ab und fuhr bis zu der großen Freitreppe am Haupteingang vor. Ich bezahlte ihm den vorher vereinbarten Preis. Dann stiegen wir alle aus und hatten Mühe, mein Gepäck unter all den Trauben und Tomaten und Fleischpaketen hervorzuziehen.

Inzwischen war meine Ankunft nicht unbemerkt geblieben. Als ich mich umdrehte, sah ich mich einem Empfangskomitee von vier Männern in Livree gegenüber, die mich alle anlächelten, mein Gepäck ergriffen und mich feierlich wie eine Diva die Stufen hinauf in die Eingangshalle des Hotels geleiteten. An der Rezeption stand ein umwerfend gut aussehender junger Mann, der sich in fließendem Englisch als der Hoteldirektor vorstellte und mich als den ersten ausländischen Gast seit der erst kürzlich erfolgten Eröffnung des Hotels begrüßte. Das war also der Grund für alle diese Aufmerksamkeiten!

Ich beschloss, dies gründlich zu genießen und trug mich für zwei Nächte ein. Danach begleiteten mich wieder vier Livrierte auf mein Zimmer und versuchten wortreich, mir den Gebrauch des Tresors zu erklären. Sie glaubten wohl, dass alle Ausländer Juwelen und andere Wertsachen mit sich führten, die es wert waren, dort aufbewahrt zu werden. Leider klemmte er, so dass es nötig wurde, auch noch den Hoteldirektor persönlich herbeizurufen. Meinen Einwand, dass ich ihn wahrscheinlich sowieso nicht benutzen würde, ließen sie nicht gelten. Nach mehreren vergeblichen Versuchen mussten aber bald doch alle fünf einsehen, dass sie heute wohl nicht mehr den Grund für das Nicht-Funktionieren des Codes klären konnten. Sie teilten mir mit, dass das Abendessen um 18 Uhr im 3. Stock sei, wohin sie mich wieder gerne begleiten würden, da die Fahrstühle noch nicht in Betrieb seien. Dann gingen sie endlich.

Ich war froh, nun alleine zu sein, denn schon seit geraumer Zeit hatte ich ein inzwischen bekanntes Ziehen in meinen Gedärmen gespürt. Tatsächlich war es mal wieder Durchfallzeit! Glücklicherweise war die Toilette gleich nebenan in meinem eigenen luxuriösen Badezimmer. Ich dachte: Das ist nun schon das dritte Mal seit meiner Ankunft in Usbekistan. Also lässt die Wirkung von Perenterol wohl nach. Ich kann nur hoffen, dass es nicht viel schlimmer wird. Hauptsache, mir wird nicht schlecht dabei, und es ist immer eine Toilette in der Nähe.

Da ich bis zum Abendessen noch gut Zeit hatte, rief ich zuerst Fotima an und lief dann zu den Überresten des eindrucksvollen, riesigen „Ak-Saray"-Palastes, des „weißen Palastes", den der berühmte Timur zu seinen Lebzeiten hier hatte bauen lassen und der der Grund für meinen Aufenthalt in Shahrisabz war. Amir Timor, der Lahme – er hinkte wegen einer Kriegsverletzung mit dem linken Bein – , auch „Tamerlan" genannt, wurde 1336 südlich von Shahrisabz als Sohn einer reichen Familie der Oberschicht geboren. Offenbar reizte ihn das Abenteuer, denn er zog schon mit 12 Jahren in den Krieg. Das bedeutete damals wie heute: erobern und morden.

Schon bald tat er sich durch große Grausamkeit hervor. In seinen 69 Lebensjahren unternahm er 26 Feldzüge, die ihn über die heutige Türkei, Syrien, Irak und den Iran bis nach Indien führten. Er wollte Shahrisabz und Samarkand zu den schönsten aller Städte machen und holte sich Künstler aus aller Welt, die für ihn arbeiten sollten, hierher. Von einem Feldzug brachte er einmal 1.000 indische Gelehrte mit und befahl ihnen, ihre Kultur in seinen Dienst zu stellen. Als sie sich weigerten, ließ er alle 1.000 lebendig einmauern.

Keiner konnte sich ihm damals entgegenstellen, da Europa durch eine Pest-Epidemie mit ca. 25 Millionen Toten sehr geschwächt war. Er war berüchtigt für die Ermordung von Tausenden von Kriegsopfern und berühmt für den Bau von wunderbaren Moscheen und die Förderung von Literatur, Musik und Kunst. Als er China angreifen wollte, bekam er eine schwere Lungenentzündung. Drei Tage lang versuchte er, sie mit Alkohol zu bekämpfen. Die Behandlung schlug aber nicht an, und so starb er daran im Jahr 1405. Auf seinen Sarg im Mausoleum in Samarkand ließ er schreiben: „Wer mein Grab öffnet, wird von einem Mächtigeren als ich angegriffen." Im Juni 1941 ließ Stalin es öffnen, weil er Schätze darin vermutete. Am 22. Juni desselben Jahres erfolgte Hitlers Angriff auf Russland.

Die Palastruinen in Shahrisabz, die noch zu besichtigen sind, lassen ungefähr erahnen, wie prachtvoll dies alles zu Timurs Zeiten gewesen sein muss. Jetzt sind die Mauern immerhin noch 38 m hoch, doch damals gab es sechs Stockwerke! So einen Palast gab es noch nicht einmal in Samarkand.

Müde und zufrieden kehrte ich nach all diesen Besichtigungen gegen Abend in mein feudales Hotel zurück. Ich machte mich frisch und wurde dann von zwei Kellnern über eine Wendeltreppe im 3. Stock in einen großen Speisesaal begleitet. Dort gab es viele Tische, Spiegelwände, Kristalllüster, aber keinen einzigen anderen Gast.

Man wies mir einen Tisch zu. Ich nahm Platz. An der gegenüberliegenden Wand standen aufgereiht sechs Kellner nebeneinander, die mich während des ganzen Essens nicht aus den Augen ließen. Einer kam zu mir herüber und reichte mir die Speisekarte, die es auf Usbekisch und auf Englisch gab. Er sagte auf Englisch, da ich ihr erster Gast sei, gäbe es zum Einstieg Salat und Melonen frei. Ich dankte und bestellte dazu ein Reisgericht und mein erstes usbekisches Bier, das, wie ich fand, nicht anders als zu Hause schmeckte.

Ich glaube nicht, dass irgendjemand dieses Mahl hätte genießen können. Wie kann es einem schmecken, wenn jeder Bissen von sechs Augenpaaren von der anderen Seite des Saales her vom Teller auf die Gabel in den Mund genauestens verfolgt wird? Ich jedenfalls habe mich selten so unwohl gefühlt, weshalb ich froh war, als ich endlich zahlen und mich, natürlich mit Begleitung, wieder auf mein Zimmer zurückziehen konnte. Ich gab kein fürstliches Trinkgeld, nur ein „normales“, denn es war nicht meine Schuld, dass mir gleich sechs Kellner zu Diensten standen.

Nach dem Matratzenlager bei Rawschan tat es mir sehr gut, mal wieder in einem richtigen Bett zu schlafen. Es gab nur eine kurze Unterbrechung der Nachtruhe durch eine Durchfallattacke, doch meldete sie sich rechtzeitig an, so dass nichts Schlimmes passierte.

Das Frühstücksbufett in dem Spiegelsaal, den ich mir wieder mit „meinen“ sechs Kellnern teilte, war reichhaltig, abwechslungsreich und köstlich, aber für mich fast noch ungenießbarer, weil ich nun ab und zu aufstehen, für die nächste Portion unter den unbarmherzigen Blicken der Kellner den ganzen Saal durchqueren, den vollen Teller unbeschadet zu meinem Tisch zurücktragen und alles wieder verzehren musste. Aber auch das ging vorüber, und danach setzte ich meine Besichtigungstour vom gestrigen Tag fort.

Die „Kok-Gumbaz“-Moschee aus dem Jahr 1437, die von Ulugbek, Timurs Enkel, zu Ehren seines Großvaters erbaut worden war, heißt übersetzt so viel wie „blaues Gotteshaus“ und lässt in den im Innenraum erhaltenen herrlichen Malereien indische und iranische Wurzeln erahnen. Im Mausoleum „Sheikh Shamseddin Kulyal“, das Timur 1374 erbauen ließ, erinnern Steinsärge an seine Lehrer und seine Vorfahren. Dann folgte natürlich das „Amir Timur“-Museum, dessen Hauptattraktion das Modell seines riesigen Reiches ist, das von Ägypten bis Kashgar reichte. Daneben regierte er über sogenannte „Protektorate“, die sogar Kiew und Moskau einschlossen.

Vor den Resten des Palastes steht eine große Statue, die Timur auf einem Pferd sitzend darstellt. Er war von großer Statur, soll rote Haare und einen roten Bart gehabt haben und wird heute von Brautpaaren gerne als Hintergrund für ihre Hochzeitsfotos gewählt. In meinem Reiseführer stand, dass es nicht ungewöhnlich sei, wenn sich 15 Pärchen auf einmal vor der Statue drängeln würden. Ich erlebte nur zwei auf einmal, genoss den Rummel und machte auch ein paar Aufnahmen von ihnen, ohne, wie sonst üblich, vorher um Erlaubnis zu fragen.

Allmählich wurde es nun aber auch Zeit, meine Weiterreise zu planen. Ich machte mich auf die Suche nach der Touristinformation „Tours and Travels“, um für den folgenden Tag ein Taxi nach Buchara zu buchen. Da es keine Schaufenster gibt und kein „i“ für „Information“, muss man sich mühsam dorthin durchfragen. Ich landete nach längerem Umherirren in einem Innenhof, wo erst nach mehreren Hallo-Rufen ein Mann erschien und mich unfreundlich fragte, was ich wünschte. Sein Englisch war zum Glück verständlich.

Wir verhandelten den Taxipreis nach Buchara und machten aus, dass ich am nächsten Morgen um 10 Uhr am Hotel abgeholt und nach Qarschi gebracht werden würde. Dort müsste ich umsteigen, auf demselben Platz, aber in ein anderes Taxi, und das würde mich dann nach Buchara bringen. So schien alles geklärt, als mir gerade noch einfiel, dass mich der Fahrer an dem neuen, gerade eröffneten Hotel, nicht an dem alten, abholen solle.

Schlagartig veränderte sich das Verhalten des Mannes mir gegenüber. Diesen Klatsch konnte er sich nicht entgehen lassen – endlich ein Gast, der das neue Hotel ausprobiert hatte! Er wurde freundlich, fast unterwürfig, und wollte so viele Informationen wie möglich aus mir herausquetschen. Nun wurde ich wortkarg, gab nur kurze Antworten, lobte es aber sehr und hatte es plötzlich eilig, da ich vor der Abfahrt noch vieles erledigen müsse. Hätte er mich am Anfang unseres Gespräches freundlicher empfangen, wäre seine verständliche Neugier kein Problem für mich gewesen. So aber dachte ich: Selber schuld. Wie du mir, so ich dir, und verabschiedete mich schnell.

Mittags nahm ich in einem Restaurant eine Suppe mit Brot und Tee zu mir. Das war auch der Hauptbestandteil meiner Ernährung in Usbekistan. Die Suppen waren immer nahrhaft und wohlschmeckend. Es gab Kartoffel- oder Reissuppen mit Lammfleisch, gebraten oder gekocht. Dazu wahlweise Zwiebeln, Mohrrüben, Tomaten, Rosinen, Kichererbsen, weiße Rüben oder kleingeschnittene getrocknete Früchte. Das kreisrunde, schmackhafte Brot wird in fast jedem Haushalt auch selbst gebacken und zu jedem Mahl gereicht. Es gibt dafür extra Backöfen. Vor dem Backvorgang bekommt jedes Brot liebevoll einen Stempel des jeweiligen Haushalts aufgedrückt. Dazu gibt es grünen oder schwarzen, sehr belebenden Tee.

Nach dem Mittagessen suchte ich ein Internetcafé. Neben mir am Computer saß ein Schweizer, der beim

Schreiben immer wieder laut aufstöhnte und offensichtlich ein Problem hatte. Das nervte, weshalb ich ihn nach einiger Zeit fragte: „Can I help you?" Er meinte, dass sein Partner nichts verstehen würde und er ihn dringend anrufen müsse. Erstaunt fragte ich ihn, warum er dies nicht täte. Er antwortete, weil er kein Handy hätte, das in diesem verfluchten Land funktionieren würde. Ich sagte großzügig: „Take mine" und reichte ihm meines hinüber. Ich hatte vorsorglich in den ersten Tagen in Samarkand eine Chip-Karte gekauft, die auch für Auslandsgespräche gültig war, denn ich wollte für den Fall der Fälle, wenn ich mal in Not sein sollte, gerüstet sein.

Dankbar ergriff der Schweizer es und konnte sein Glück kaum fassen, als die Verbindung tatsächlich zustande kam und er nach ein paar Sätzen sein Problem lösen konnte. Er gab es mir zurück und sagte, dafür würde er nun die Bezahlung meiner Emails übernehmen. Das fand ich gut, weshalb ich noch ein bisschen länger schrieb, als ich ursprünglich vorgehabt hatte.

Ich verabschiedete mich von ihm in dem erhabenen Gefühl, gerade ein gutes Werk getan zu haben, aber die Ernüchterung ließ kurz darauf nicht lange auf sich warten. Wieder einmal meldete sich das schon bekannte Ziehen in meinen Gedärmen. Ich schaute mich wild um: Wo war die nächste Toilette? Ich entdeckte tatsächlich ein dafür bestimmtes Häuschen. Doch nach dem Öffnen der Tür schlug mir ein schrecklicher Gestank entgegen, der aus einem kreisrunden dreckigen Loch aus dem Boden kam. Nein, so verzweifelt war ich noch nicht! Mit eisernem

Willen schaffte ich es bis zu meinem Hotel ins Badezimmer. Es war knapp gewesen, aber gerade noch rechtzeitig.

Gegen Abend packte ich meine Sachen und begab mich zur Rezeption, um meine Rechnung zu bezahlen. Der gutaussehende junge Hoteldirektor übergab mir feierlich meine Übernachtungsbestätigung für die Behörde und deutete auf die Nummer 1 auf dem Zettel. „Ihr Besuch war für uns alle hier etwas ganz Besonderes", sagte er, „als ersten ausländischen Gast eine so charmante Dame wie Sie begrüßen zu dürfen war uns eine große Ehre. Aber Sie wissen sicher, dass für uns Usbeken die Familie etwa sehr Wichtiges ist. Haben Sie denn keine Familie zu Hause, wenn ich diese sehr persönliche Frage stellen dürfte?" Ich erwiderte, dass mein Mann vor acht Jahren gestorben sei, (die Scheidung unterschlug ich), und dass ich zwei Kinder hätte, einen Jungen und ein Mädchen, beide verheiratet.

„Dann ist doch alles ganz einfach", sagte er strahlend, „ich hoffe ja, dass es Ihnen bei uns gefallen hat. Also machen Sie die nächste Reise alle zusammen hierher. Als unser erster Gast werden Sie ganz besondere Konditionen bekommen. Heben Sie das Papier gut auf."

Ich fand, dass er wirklich für sein Hotel zu werben verstand und fügte freundlich hinzu: „Meine Kinder fahren lieber alleine in den Urlaub, und ich selbst bin auch gerne solo unterwegs."

Sein Gesichtsausdruck wurde ernst. Eindringlich sah er mich an. „Mrs. Kässbohrer, wir kommen beide aus verschiedenen Kulturen. Sicher wissen Sie, dass in Usbekistan der Ehemann über seine Frau zu bestimmen hat, und wenn er gestorben ist, sein Sohn?" Gespannt sah er mich an. Ich nickte, da ich diese Information schon von Fotima her kannte. „Also", fuhr er fort, „wenn ich Ihr Sohn wäre, hätte ich Ihnen nicht erlaubt, alleine hierher zu kommen."

Nun war ich doch geschockt. Das hatte ich nicht erwartet. „Why not?", fragte ich entsetzt zurück. „Weil Ihnen hier alles Mögliche passieren kann", erwiderte er ungerührt. „Sie können krank werden, einen Unfall haben, ausgeraubt werden ..."

„Stopp", unterbrach ich ihn, „das alles kann auch passieren, wenn ich in der Gesellschaft meiner Kinder bin." „Ja", gab er zu, „aber dann müssen Sie mit dieser Situation nicht alleine fertig werden. Außerdem schickt es sich für eine ältere Frau in unseren Augen nicht, alleine unterwegs zu sein." (Diesen letzten Satz sollte ich im Laufe meines Urlaubs noch oft zu hören bekommen, so dass ich mich langsam daran gewöhnte, aber beim ersten Mal wollte ich meinen Ohren fast nicht trauen.)

Stumm sahen wir uns an. Er merkte natürlich, dass er mich nicht überzeugt hatte und fügte versöhnlich hinzu: „Sie sind so eine nette Person und strahlen so viel Ruhe aus. Ich wünsche Ihnen nur das Allerbeste." Nun lächelte ich auch und sagte: „Ich habe mich hier in Ihrem neuen Hotel sehr wohl und aufgehoben gefühlt. Und wer weiß, vielleicht stelle ich Ihnen ja wirklich einmal meine ganze Familie vor."

Nachdenklich zog ich mich auf mein Zimmer zurück. Ich erinnerte mich an die erste Zeit meiner Ehe in den

1970er Jahren, als ich noch für jedes offizielle Dokument die Unterschrift meines Mannes benötigt hatte, und ich weiß noch, wie froh ich war, als das Gesetz endlich geändert wurde. Auf keinen Fall könnte ich je dafür sein, die Emanzipation der Frau wieder rückgängig zu machen.

Pünktlich um 10 Uhr am nächsten Morgen erwartete mich vor dem Hotel mein Sammeltaxi nach Qarschi. Der Abschied vom Personal und vom Chef war kurz, aber ausgesprochen herzlich. Ich wünschte ihnen für die Zukunft viele weitere zufriedene Gäste.

Mein Fahrer sammelte im Ort noch zwei weitere Männer auf und wartete dann an einer Kreuzung mindestens zehn Minuten lang auf einen dritten Gast, der aber nicht erschien. Entweder war er wütend, oder er fuhr immer so: Jedenfalls bangte ich bis zum nächsten Taxiwechsel um mein Leben wie bei der Wettfahrt der beiden Autos kurz hinter Samarkand. Er schnitt sämtliche Kurven und fuhr so waghalsig, dass alle entgegenkommenden Autofahrer empört ihre Lichthupe betätigten.

Die Straßen, die durch das Land führen, sind allesamt in einem schlechten Zustand. Man kann nicht lange geradeaus fahren, da es immer wieder tiefe Schlaglöcher gibt, die man umrunden muss, wenn man den Motor nicht ruinieren will. Nachtfahrten sind dadurch praktisch unmöglich oder müssen in sehr langsamem Tempo durchgeführt werden, da es ja auch keine Straßenbeleuchtung gibt und die Schlaglöcher deshalb von weitem nicht als solche erkennbar sind.

Buchara

In Qarschi fuhren wir auf einen großen Parkplatz, auf dem es von Autos und Menschen nur so wimmelte. Ich zahlte den vereinbarten Fahrpreis. Netterweise zeigte mir mein Fahrer, welches der vielen Autos mein Taxi nach Buchara war, denn es gab weder einen Informationsschalter noch aushängende Fahrpläne.

Kaum hatten wir mein Gepäck verstaut, ging es auch schon los. Zum ersten Mal gab es Gespräche zwischen den Mitreisenden, dem Fahrer und mir. Wir stellten uns vor: Einer war Architekt, der andere ein chinesischer Arzt, und der Fahrer war 32 Jahre alt. Es wurde viel gelacht und über die Sitten und Gebräuche in unseren Heimatländern erzählt. Alle sprachen gut Englisch.

Die Politik ließen wir aber außen vor. Dann kam ein Melonenstand am Straßenrand, wo sich alle außer mir mit vielen Früchten eindeckten. Ich betete im Stillen, dass wir bald weiterfahren würden, denn ich hatte nach einer Durchfallattacke im Hotel am Morgen zwei starke Imodium-Tabletten genommen und wusste nicht, wie lange ihre Wirkung noch anhalten würde.

Als wir uns unserem Ziel näherten, wurden nacheinander der Architekt und der Arzt mitsamt ihren Melonen und ihrem Gepäck vor ihren Häusern abgesetzt.

Der Empfehlung des „Lonely planet“ folgend hatte ich ein Zimmer in einer Pension, dem „Akhbar House“, vorgebucht. Es lag mitten in der Altstadt und war schwer zu finden.

Schließlich rief mein Taxifahrer meine Vermieterin an. Sie dirigierte ihn zu einem Marktplatz, wo sie mich mit ihrem Enkelbaby auf dem Arm in Empfang nahm. Schnell verabschiedete ich mich von meinem Fahrer und bedankte mich vielmals für seine Fürsorge, ehe meine Vermieterin und ich durch verwinkelte Gassen und dunkle Torwege in den Innenhof der Pension gelangten. Hier gab es kunstvoll verzierte Säulen und wunderschön bemalte Glasfenster, aber mich interessierte nur, wo die Toilette war. Geschafft – und keine Minute zu früh! Das war mal wieder knapp gewesen.

Danach zeigte mir meine Wirtin mein Zimmer: Es war praktisch nur eine dunkle Zelle ohne Fenster, mit einem riesengroßen Bett mit unzähligen bunten Decken, die bestimmt nicht nach jeder Benutzung gewaschen wurden, und einer Tür nach draußen.

„Sie können die Tür nachts offen lassen", meinte sie, „dann haben Sie frische Luft. Wir sind wie eine große Familie, hier passiert nichts."

Ich sah mich um. Es gab viele derartige „Zellen" nebeneinander und noch mehr Zimmer oben im 1. Stock von einem Wandelgang aus. Und dies alles sollte eine große Familie sein? Im Innenhof standen Bänke und Tische, und von meinem Bett aus bis zur Toilettentür waren es, eingerechnet der Kurve links um die Ecke zum Torweg hin, ca. 40 Meter. Wenn es pressiert, könnte es knapp werden, dachte ich. Und wenn besetzt ist …

Die Frau sah mein besorgtes Gesicht und sagte, sie wolle mir jetzt erstmal was zu essen machen. Ich sagte, dass ich nichts essen wolle, da ich mich nicht gut fühle. Sie sagte nichts und verschwand. Ich verstaute mein Gepäck in dem kleinen Zimmer und überlegte gerade, ob ich mich in meinem Zustand trauen solle, kurz in die Stadt zu gehen, als mir ein fertiges Essen im Hof aufgetischt wurde: Chips, Hähnchen, Kürbis, Weintrauben und Tee.

Ich protestierte, sie ignorierte es, setzte sich daneben und nötigte mich praktisch, etwas zu mir zu nehmen. Da ich nun irgendwie auch Hunger verspürte, nahm ich ein paar Bissen zu mir, merkte aber bald, dass es mir nicht gut tat. Mir war richtig schlecht, und es schien fast so, als ob ich krank würde.

Ihr 12-jähriger Neffe tauchte auf. Um vom Essen abzulenken, holte ich mein letztes noch verbliebenes Stäbchenspiel aus meinem Zimmer und schenkte und erklärte es ihm. Er verstand die Regeln sofort und war von dem Spiel begeistert.

Ich verschwand ab und zu auf der Toilette, und wenn ich herauskam, wartete er davor immer schon auf mich, weil er vom Spielen gar nicht genug kriegen konnte. Noch heute höre ich ihn, wenn ich neue Stäbchenspiele bastele, immer wieder wiederholen: „Good game, good game."

Gegen Abend füllte sich der Hof mit den anderen Übernachtungsgästen. Es waren laute, fröhliche Kanadier, die aber eigene, abgeschlossene Apartements hatten. Gegen 22 Uhr zog ich mich trotz des Protestes des spielwütigen Neffen in mein Zimmer zurück, wobei ich die Tür einen Spalt offen ließ. Meine Taschenlampe lag griffbereit unter meinem Kopfkissen.

Wie ich fast schon erwartet hatte, ging es dann um Mitternacht los: Krämpfe, Spucken, Durchfall – die ganze Nacht pendelte ich ungefähr jede Stunde einmal zur Toilette und zurück. Im Bett zu liegen war wegen der Schmerzen unmöglich. Nur im Sitzen waren sie zu ertragen. Dass nun auch noch das Spucken dazukam, machte alles noch schlimmer, obwohl ich es immer gerade noch schaffte.

Zu allem Unglück hatten sich scheinbar alle Katzen Bucharas im Nebenhof versammelt, wo sie die ganze Nacht hindurch jämmerlich und laut heulten.

Ich versuchte, positiv zu denken, was mir allerdings nicht gelingen wollte. Ich wusste nur eines: Am nächsten Morgen würde ich sofort von hier verschwinden, obwohl ich für eine Woche gebucht hatte. Die fensterlose Zelle, das Katzengejammer, die aufdringliche Wirtin, der mich verfolgende Junge, Durchfall und Spucken – nein, ich musste einfach weg von hier!

Als es dämmerte, machte ich mich kurz frisch, stellte mein Gepäck ostentativ vor meine Zellentür und wartete auf meine Gastgeberin. Als sie erschien und meinen grimmigen Gesichtsausdruck sah, ahnte sie wohl schon Böses. Ich sagte, das Zimmer gefalle mir nicht, die Toilette sei zu weit weg, ich würde nur für eine Nacht statt für eine Woche bezahlen, und zum Frühstück bitte Tee und Zwieback. Sie verschwand wortlos.

Allmählich erschienen auch die Kanadier im Innenhof, die auf das Frühstücksbufett warteten. Als Erstes kam aber mein Essen. Die Wirtin hatte es sich nicht nehmen lassen, zu Tee und Zwieback noch Crêpes hinzuzufügen. Ich gab ihr das Übernachtungsgeld und dachte: Das ist typisch für sie. Manche Frauen wollen immer das letzte Wort behalten. Ihr letztes Wort sind die Crêpes.

Natürlich rührte ich sie nicht an, denn mein Magen hätte Fettes noch nicht vertragen. Wortlos legte sie mir die Bescheinigung für die Unterkunft hin. Ich nahm noch eine Tablette Perenterol aus meiner Reiseapotheke, um den Tag einigermaßen überstehen zu können, ergriff mein Gepäck und machte mich sehr geschwächt und mit zitternden Beinen auf die Suche nach einem neuen Quartier.

Trotz des noch frühen Morgens waren schon einige Leute unterwegs. An den Blicken, die sie mir zuwarfen, merkte ich, dass ich einen ziemlich jämmerlichen Anblick bieten musste. Als Ausländerin fällt man in Usbekistan sowieso sofort auf, dazu kamen bei mir die weißen Haare und der große Rucksack, der in ihren Augen nicht zu meinem Alter passen wollte. Und die Tatsache, dass ich offenbar alleine unterwegs war, machte mich, wie mir mein netter Hoteldirektor in Shahrisabz ja schon deutlich zu verstehen gegeben hatte, sowieso verdächtig.

Vor allem aber war es das kleine, zusammenklappbare Kofferfahrgestell, auf dem ich meine beiden Reisetaschen zusammengeschnürt transportierte, das hier aneckte. Mir war schon öfter aufgefallen, dass viele arme Leute ein ähnliches Fahrgestell benutzten, um große Taschen mit Pfandflaschen oder anderen Dingen, die sie im Müll gefunden hatten, zu transportieren. Was sie und ich einfach nur praktisch fanden, galt bei der Mehrheit der Usbeken offenbar als nicht gesellschaftsfähig.

Das wurde mir schlagartig klar, als ich an diesem Morgen mit wackligen Knien auf dem Marktplatz in Buchara stand, nicht wusste, wohin ich mich wenden sollte und die ablehnenden Blicke der Menschen um mich herum spürte. Ich dachte: Ich glaube nicht, dass die Stadt ausgebucht ist, obwohl der Herbst eine beliebte Reisezeit ist. Trotz meines Aufzugs fange ich einfach mal in den größten Hotels mit der Zimmersuche an. Und dann kann ich meine Ansprüche immer noch herunterschrauben, wenn ich dort kein Glück habe.

Ich ging langsam los und stand schon bald vor dem ersten 5-Sterne-Hotel, dem „Asia". Mühsam erklomm ich die paar Stufen zum Eingang, wobei mein fahrbarer Untersatz bei jeder Stufe holperte und mich viel Kraft kostete. Mit Schrecken merkte ich, wie sehr mich die letzte Nacht doch mitgenommen hatte.

An der Rezeption saß eine Chinesin, die mir gleich sympathisch war. Sie lächelte mich an und fragte freundlich „Can I help you?"

Ich erklärte ihr meine Situation und sagte, dass ich für ungefähr eine Woche ein Einzelzimmer suche. Sie meinte, das könne schwierig werden, da gerade Hochsaison sei. Sie selbst seien ausgebucht, aber sie würde für mich herumtelefonieren. Ich sank in den nächsten Sessel und hörte zu, während sie mehrere Telefonate führte. Mir war immer noch schlecht, aber irgendwie fühlte ich, dass ich hier Hilfe bekommen würde.

Ich blickte mich in der vornehmen Eingangshalle um und schaute dann auf meine so gar nicht vornehm wirkenden Gepäckstücke. Endlich war mir nun in aller Deutlichkeit bewusst geworden, was für ein enger Zusammenhang zwischen dem äußeren Erscheinungsbild eines Menschen und der Einschätzung desselben durch seine Umgebung besteht.

Zwar hatten Rawschan und Fotima sich keinmal dahingehend geäußert, aber sich vielleicht ihr Teil gedacht. In Shahrisabz war ich als erster ausländischer Hotelgast sowieso eine Ausnahmeerscheinung gewesen, und die Chinesin half mir gerade mit äußerster Zuvorkommenheit bei der Zimmersuche. Trotzdem: „Kleider machen Leute", das war und ist immer noch auf der ganzen Welt eine Tatsache!

Rückblickend kann ich sagen, dass mein Gefühl in Buchara richtig gewesen war. Später in Taschkent wurde ich oft in teuren Hotels schon an der Rezeption abgewiesen, da ein Blick auf mein Gepäck für eine negative Einschätzung genügte. Da ich aber trotzdem am Ende jedes Tages während des ganzen Urlaubs eine mehr oder minder gute Unterkunft fand, dachte ich nicht daran, an meinem äußeren Erscheinungsbild etwas zu ändern. Dieses Kofferfahrgestell war praktisch und entlastete außerdem meinen Rücken – was wollte ich mehr?

Meine Devise auf allen meinen Reisen war bis jetzt ja immer gewesen, mich einfach zu kleiden und keinen Schmuck zu tragen, um keine Begehrlichkeiten zu erwecken, die Diebe anlocken könnten – dazu trug auch mein Kofferfahrgestell erheblich bei. Zwar degradierte es mich auch in den Augen vieler und ordnete mich in die Reihe derer ein, die im Müll nach Plastikflaschen suchte, aber so kam auch wenigstens niemand auf den absurden Gedanken, dass ich in meiner Bauchtasche 3.000 Dollar mit mir herumschleppen könnte. So gesehen war diese Verachtung doch eine Lappalie und eigentlich das Beste, was mir als potentiell gefährdete, alleinreisende Frau passieren konnte. Es war der perfekte Überfallschutz, und es wäre uklug gewesen, daran etwas zu ändern.

Viele Jahre lang war dieses faltbare Kofferfahrgestell, das ich in Kanada entdeckt und gleich gekauft hatte, ein treuer Begleiter auf meinen Reisen. Einmal jedoch belud ich es zu sehr, so dass der Rahmen mit Tesakrepp zusammengehalten werden musste. Ersatz wurde nötig, den ich nach langer Suche eines Tages in Finnland fand: ein dänischer Buggy, also ein Kinderwagen, Marke „Basson Baby", leicht faltbar, kaum Eigengewicht, extrem belastbar, vielseitig verwendbar – alles in allem ein würdiger Nachfolger meines nun ausrangierten kanadischen Reisebegleiters. Zwar auch nicht gerade die normale Art, sein Gepäck zu transportieren, aber überaus praktisch. Und wie oft schon hatte er auf den Gesichtern in meiner Umgebung ein Lächeln hervorgezaubert! Ich hoffe, dass er mich noch lange begleiten wird.

Aber zurück zur Zimmersuche in Buchara. Nach einiger Zeit winkte mich die Frau an der Rezeption heran. „Das war schwierig", meinte sie, aber das „Caravan"-Hotel hat noch freie Zimmer. Sie müssen durch die ganze Altstadt laufen, und dann ist es an der Umgehungsstraße gegenüber der Stadtmauer." Sie gab mir einen Zettel, wo sie den Namen und die Adresse aufgeschrieben hatte. Ich bedankte mich sehr, wollte die Telefonate auch bezahlen, aber sie winkte nur ab.

Ein paar Tage später kam ich mit einem meiner schönsten Lesezeichen noch einmal bei ihr vorbei, um mich mit diesem kleinen Geschenk für ihre Freundlichkeit zu bedanken. Sie freute sich sehr über meine Geste und sagte, sie hätte gerne geholfen. Aber wir wussten beide, dass in der heutigen Zeit Hilfsbereitschaft leider nicht mehr als selbstverständlich angesehen werden kann.

Zunächst also schleppte ich mich mit meinem Gepäck die Stufen aus dem „Asia"-Hotel wieder hinunter und begann, die allmählich zum Leben erwachende Altstadt zu durchqueren. Überall wurden Stände aufgebaut und Waren ausgebreitet.

Niemand kümmerte sich um mich, was mir nur recht war. Obwohl mir immer noch übel und ich ziemlich schwach war, musterte ich meine Umgebung doch neugierig, denn Buchara ist berühmt für seine fast original erhaltene Altstadt. Mein Urteil lautete: „Beige!" Die Häuser, die Dächer, die Stände, der Straßenbelag, die Wände, die Menschen, selbst die herumstreunenden Katzen – alles erschien mir beige.

Als ich nach einem quälend langen Marsch mit immer schwerer werdendem Gepäck, denn wegen der autofreien Innenstadt gab es hier natürlich auch keine Taxis, endlich in der Empfangshalle des „Caravan"-Hotels stand, merkte ich sofort, dass ich mich hier wohlfühlen würde. Ein reizender junger Mann an der Rezeption führte mich sofort zu meinem ebenerdigen Zimmer und ließ mich dann bald allein. Ich sank dankbar auf das große, saubere Bett und war einfach nur wunschlos glücklich.

Buchara ist mit 255.000 Einwohnern verhältnismäßig groß, sehr gut erhalten und hat eine 1.000-jährige Geschichte. Niemand kann sich dem Zauber dieser historisch geprägten Stadt, die früher ein wichtiges und legendenumwobenes Zentrum an der Seidenstraße war, entziehen. Ich blieb eine Woche dort, denn zuerst musste ich mich von dem Magen-Darm-Virus erholen, und außerdem gab es sehr viel zu besichtigen.

Ich begann mit dem Schloss gleich gegenüber von meinem Hotel, dann folgte das „Ismael-Samani"-Museum und die „Bolo-Hauz"-Moschee. Vor der Moschee musste ich einige Zeit warten, da es gerade Freitag war und der ganze Platz draußen mit betenden, knieenden und singenden männlichen Muslimen gefüllt war. Die Worte des Imam wurden per Lautsprecher übertragen. Nicht weit entfernt rauschte der moderne Autoverkehr vorbei, aber hier herrschte eine ganz andere Atmosphäre, die meiner Ansicht nach viel besser in die Zeit passte, als Buchara noch eine Oase in der Wüste gewesen war und seinem Namen, der auf Sanskrit „Kloster" heißt, alle Ehren gemacht hatte.

Fasziniert betrachtete ich die vielen Paar Schuhe, die die betenden Männer am hinteren Ende des Platzes abgelegt hatten. Ich machte auch heimlich ein Foto davon, denn ich finde es immer wieder erstaunlich, wie problemlos und schnell die jeweiligen Besitzer sie am Schluss wiederfinden, wo sie in meinen Augen doch alle ähnlich aussehen. Schnell leerte sich der Platz nach dem Ende des Gebets, und die Moschee war wieder frei zugänglich für Besichtigungen.

Bei der Planung meines hiesigen Kulturprogramms und meines restlichen Urlaubs erinnerte ich mich auf einmal wieder an meinen großen Wunschtraum, einmal in meinem Leben in einer Jurte übernachten zu dürfen. Vor sechs Jahren in der chinesischen Mongolei hatte ich schon daran gedacht, doch damals suchte gerade die SARS-Epidemie das Land heim, und da verboten sich diese Gedanken von alleine. Vier Jahre später in Israel machte ich mehrere Anläufe, da es auch dort Jurten gibt, aber immer wieder hieß es, dass man diese unmöglich für Einzelpersonen reservieren könne. Und sie seien mit Gruppenvorbestellungen sowieso ausgebucht.

Jetzt, zwei Jahre später, trug ich Ranwar, dem netten Hotelchef, der mich am ersten Tag gleich so freundlich empfangen hatte, vorsichtig meinen Wunschtraum vor. Zu meiner großen Überraschung meinte er, es sei machbar, die Organisation würde aber ein paar Tage brauchen. Es gäbe ungefähr vier Autostunden von hier entfernt Jurten zum Vermieten, bezahlbar und auch für Einzelpersonen. Und er würde sich bemühen, mir diesen Wunschtraum so bald wie möglich zu erfüllen. Schon die Vorfreude darauf erfüllte mich mit großem Glück.

In der Zwischenzeit fuhr ich mit meinem Besichtigungsprogramm fort. Nach dem Besuch der „Ulugbek"-Medresa aus dem Jahr 1417, einer der ältesten erhaltenen Koranschulen Asiens, geschmückt mit herrlichen, blauleuchtenden Kacheln, kam ich im Lauf des Vormittags in eine abgelegenere Gegend. Die Häuser hier waren schmucklos, beige-grau, die Fenster zur Gasse hin klein und verdunkelt, um Schutz vor der sengenden Sonne zu geben. Die Straße war voller Schotter, und Bürgersteige gibt es sowieso nur ab und zu in Großstädten. Kein Mensch war zu sehen, alles war still und wie ausgestorben.

Plötzlich hörte ich Kinderlärm und Musik. Hinter der nächsten Ecke öffnete sich ein Schulhof, dort sah ich eine Klasse mit ca. 12-jährigen Mädchen und Jungen, die in zwei Riegen nebeneinander standen und Turnübungen machten. Ein Lehrer stand dabei, der einen Kassettenrecorder mit Musik dazu bediente und ab und zu laute Anweisungen gab.

Ich trat vorsichtig näher, ungewiss, ob er meine Anwesenheit als störend empfinden würde und doch unwillkürlich von der früher so vertrauten Schulatmosphäre angezogen. Nun hatten mich auch die Schüler entdeckt. Da der Lehrer die Musik abstellte und mir zuwinkte, näher zu treten, war ich bald von der ganzen Schar umringt. Ich brachte meine usbekischen Sprachkenntnisse an, fragte sie, wie alt sie seien, wo sie wohnten, und sagte, dass schönes Wetter sei. Alles wurde mit Lachen und großer Lautstärke beantwortet. Der Lehrer blieb in der Nähe, zündete sich eine Zigarette an und genoss offensichtlich die Pause.

Dann fragte ich, ob sie Englisch sprechen könnten. Zu meiner großen Überraschung fingen sofort alle an, im Chor das englische Alphabet aufzusagen. Das erinnerte mich an das englische ABC-Lied, das ich in der Schule mit meinen Klassen gesungen hatte. Als Gedankenübertragung dachte ich sofort an das nächste Lied, das ich ihnen damals beigebracht hatte: „Old Mc Donald had a cow …“ Ich begann zu singen, und nach ein paar Überraschungssekunden stimmten alle mit ein. Einige begannen, im Rhythmus mitzuklatschen, und es kam sogar eine zweite Strophe zustande. Ein Seitenblick auf den Lehrer zeigte mir, dass er amüsiert die Augenbrauen hochzog. Er hatte recht, denn ich benahm mich schon recht seltsam.

Plötzlich rief eines der Mädchen: „Child? Photo?“ Alle schrien sofort „Yes, please!“ Ich sah im Geiste sofort wieder den gutaussehenden Hotelchef in Shahrisabz vor mir und hörte seine Worte, wie wichtig die Familie für die Usbeken sei. Also kramte ich sofort in meiner Handtasche und holte die Fotos meiner beiden Kinder hervor. Sie wurden ausgiebig begutachtet und dann sofort weitergereicht. Ich dachte: Die siehst du nie wieder, aber sie kamen nach einiger Zeit unversehrt zurück.

Ich musste viele Fragen beantworten: „What's your name? What's the name of the boy? What's the name of the girl? Where do they live? What are their hobbys?" Ich stand Rede und Antwort, bis der Sportlehrer zu Ende geraucht hatte und meinte, nun sei die Pause lang genug gewesen. Alle gehorchten sofort und stellten sich in zwei Riegen auf. Wir winkten uns zu, ich verbeugte mich dankend in Richtung des Lehrers, verließ den Schulhof und setzte mein Besichtigungsprogramm fort.

Wie erfrischend natürlich, aufgeschlossen und intelligent diese Kinder gewesen waren, und wie steif und stumm dagegen der 15-jährige Turde in Samarkand!

Ich ging weiter Richtung Zentrum und suchte das „Lyabi"-Haus auf, ein bekanntes Restaurant, mit vielen Schatten spendenden Maulbeerbäumen, malerisch an einem kleinen See gelegen und bei Touristen sehr beliebt. Es war Mittagszeit. Ich bekam Hunger und freute mich, dass ich Hunger hatte und keinen Durchfall.

An einem Tisch entdeckte ich eine Gruppe von nett aussehenden Deutschen und fragte, ob ich mich zu ihnen setzen dürfe. Sie machten bereitwillig Platz und erzählten, dass sie aus Berlin angereist seien und ihre Gruppe „Medi-Plus" hieße. Das sagte mir nichts, aber mir gefiel ihr Berliner Dialekt und ihre etwas burschikose Art. Wie üblich, wunderten sie sich, dass ich alleine reiste und dies auch noch gut fand. Diese Reaktionen kannte ich inzwischen zur Genüge und lenkte ab, indem ich sie nach ihrem Besuchsprogramm fragte.

„Oh", antworteten sie, „wir sind uns alle 14 noch fremd in der Gruppe und müssen uns erstmal kennenlernen, ehe wir mit den Besichtigungen anfangen. Wir haben einen guten Trick gefunden, wie wir uns gegenseitig einteilen und unterscheiden können: Eine Gruppe besteht aus den Leuten, die als erste Durchfall bekommen haben, die zweite aus denjenigen, die ihn gerade haben, und die dritte aus denen, die bis jetzt noch verschont geblieben sind."

Ich lachte und sagte, ich würde bei ihrer Zählweise zu der ersten Gruppe gehören und bestellte eine Nudelsuppe, Brot und Cola. Sie mussten auf einen Wink ihres Führers hin bald danach aufbrechen, und wir wünschten uns gegenseitig eine gute Weiterfahrt.

Nicht weit von meinem Tisch entfernt stand das Bronze-Denkmal eines Mannes mit einer Narrenkappe, der auf einem Esel saß. Er ist entfernt mit unserem Till Eulenspiegel vergleichbar. In Usbekistan heißt er Hodscha Nasreddin und ist im ganzen Land bekannt und berühmt. Als „weiser Narr" gehörte er früher zu dem Orden der Sufisten, die durch das Land zogen und viele Anekdoten über ihn erzählten.

Diese hatten einen ganz unterschiedlichen Charakter: Mal waren sie nur lustig, mal satirisch, mal ironisch, meistens jedoch moralisch angehaucht. Ich begegnete ihm später in der Türkei wieder unter dem Namen „Nasrudin Hodscha". Aber auch die Griechen betrachten ihn als ihre Kultfigur, und Cervantes setzte ihm mit seinem berühmten „Don Quichotte" ein Denkmal, ein Zeichen dafür, dass Humor und schlaue Sprüche auf der ganzen Welt beliebt sind. Eine der vielen Geschichten habe ich mir besonders gemerkt: Ein reicher Mann fiel ins tiefe Wasser. Die Nachbarn, die wussten, dass er nicht schwimmen konnte, beugten sich zu ihm hinunter und riefen: „Geben Sie uns Ihre Hand", was er aber verweigerte. Hodscha Nasreddin kam, beugte sich ebenfalls hinunter und schrie: „Nehmen Sie meine Hand", die der reiche Mann sofort ergriff und dadurch gerettet wurde. Die Nachbarn waren erstaunt und fragten Nasreddin, wie er es geschafft hatte, ihm helfen zu können, während ihre Hilfe abgelehnt worden war. „Habt ihr einen Reichen schon einmal freiwillig etwas geben sehen?", war die Antwort.

Ich kam an einer Koranschule aus dem 14. Jahrhundert vorbei, an der heute noch Studenten ausgebildet werden. In die massive Eingangstür aus dunklem Holz war auf arabisch ein weiterer weiser Spruch eingeritzt, immer noch gut lesbar, damals wie heute aktuell: „Wissen ist Macht!" Nasreddin würde dem auch zugestimmt haben, da bin ich mir ganz sicher.

In Buchara gibt es herrliche Geschäfte mit hochwertigem Kunsthandwerk. Berühmt sind Scheren in allen möglichen Größen mit dem Abbild von Störchen, die nur für diese Stadt typisch sind. Ich kaufte 11 kleine Holzschachteln mit Deckeln, die schön bemalt und glasiert und als Mitbringsel für meine Lieben daheim gedacht waren. Für mich selbst kaufte ich ein Miniaturgemälde mit viel Gold, auf dem Jesus auf einem Esel mit seinem Gefolge in Jerusalem einzieht.

Der Maler lobte meine usbekischen Sprachkenntnisse, wir unterhielten uns aber auf Englisch. Er war um die fünfzig und nahm sich Zeit, um ein bisschen mit mir zu plaudern. Ich schenkte ihm eines meiner Lesezeichen, quasi von „Künstler zu Künstler". Das Bild, das er gemalt hatte, hängt heute noch bei mir im Wohnzimmer. Damals hatte ich eigentlich gar keinen Platz dafür. Ich kaufte es nur um seiner schönen Augen willen, aber das sagte ich ihm natürlich nicht.

Am folgenden Tag, einem Sonntag, schlenderte ich ohne ein besonderes Ziel durch einen Stadtteil, den ich noch nicht kannte. Ranwar, der Manager meines Hotels, hatte mich für 12 Uhr an die Rezeption bestellt, da er etwas mit mir zu besprechen hätte. Ich nahm an, dass es mit meinem Jurtenwunsch zu tun hatte und nutzte die Zeit bis dahin für einen Spaziergang.

Plötzlich öffnete sich vor mir in der menschenleeren Gasse eine Tür. Ein junges Mädchen trat heraus, versperrte mir den Weg und bat in einigermaßen verständlichem Englisch, ich möge doch bitte so nett sein, einzutreten und einen Tee mit ihr zu trinken. Ich war vollkommen überrascht und zögerte etwas. Sie sah aber nicht so aus, als ob sie mir etwas antun wollte, also nickte ich und folgte ihr in ihr Haus.

Sie hatte ein ähnlich großes, fast leeres Wohnzimmer wie Rawschan, mit Polstern und einem niedrigen Tisch, räumte eilig noch ein paar Betten weg und bat mich dann, Platz zu nehmen. Ihre Mutter kam und brachte uns Tee. Das Mädchen stellte sich als Habila vor. Sie sei 16 Jahre alt und habe gerade ihre Tage, deshalb dürfe sie trotz Ramasan jetzt mit mir trinken.

Ich lächelte und nickte und dachte: Nun bin ich seit 12 Tagen in diesem muslimischen Land und habe überhaupt nicht gemerkt, dass viele Menschen um mich herum bis zum Sonnenuntergang fasten. Das ist eigentlich schon seltsam. Also war Rawschan offenbar nicht streng gläubig, da sie mittags immer mit mir gegessen hatte, und Fotima auch nicht.

Habila unterbrach meine Gedankengänge und rückte nun damit heraus, warum sie mich hereingebeten hatte: ob ich ihr helfen könne, Übernachtungsgäste zu bekommen? Sie lebe hier mit ihrer Mutter und wolle eine Ausbildung beginnen, zu der ihr aber das Geld fehle. Ob ich ihr nicht Gäste aus dem Ausland besorgen könne?

Ich konnte ihr natürlich nicht viel Hoffnung machen, bat sie aber, mir alle ihre Daten aufzuschreiben, falls sich etwas ergeben sollte. Wir schieden in Freundschaft, hörten aber nie wieder etwas voneinander.

Um 12 Uhr teilte Ranwar mir dann mit, dass er für Dienstag eine Taxifahrt zu einer Jurte für mich organisiert hätte. Allerdings müsste ich am Montag in ein anderes Hotel hier in der Nähe umziehen, da er ausgebucht sei. Am Mittwoch nach dem Jurtenbesuch könne ich aber wieder eine Nacht in seinem Hotel verbringen, und für den Donnerstag würde er ein Taxi für mich nach Chiwa, meiner nächsten Station, organisieren.

Für Mittwochabend aber würde er mich gerne zu einem Abschiedsessen in ein Restaurant einladen, da ich ein besonderer Mensch sei, den er ins Herz geschlossen habe. Er sagte: „Miss Frauke, how can I say, I have taken a liking to you."

Ich lächelte und sagte, ich fände ihn auch sehr nett und wäre mit allem einverstanden, was er mir gerade vorgeschlagen hätte. Er wirkte sehr erleichtert, und ich dachte: Eine Abendesseneinladung! Das ist doch wirklich mal was Besonderes! Und ich werde in einer echten Jurte übernachten!

Jurte-Camp

Frohgestimmt und voller Erwartung ließ ich mir von Ranwar noch den Weg zu einem Mausoleum auf dem Land erklären und zog gleich los. Dafür musste ich zweimal einen Mini-Bus, den man „Marschrutka“ nennt, wechseln. Er ist schnell und billig und fährt oft. Ich war stolz, dass ich mich traute, ihn zu benutzen, denn natürlich war ich wieder mal die einzige Ausländerin. Doch im Gegensatz zu den freundlichen Busfahrern in Samarkand blickte ich hier nur in unfreundliche und misstrauische Gesichter, was ich mir überhaupt nicht erklären konnte. Vielleicht ist es die Entfernung von der Stadt, dachte ich, auf dem Land sind sie Ausländer vielleicht nicht so gewohnt.

Als ich mein Ziel erreicht hatte, besichtigte ich pflichtschuldigst die Gebetsstätte, die allerdings keinen großen Eindruck auf mich machte. Nur ihre Lage war großartig: Drum herum gab es einen weitläufigen Park voller verschiedener Rosenzüchtungen, was ich in der Wüstenlandschaft um Buchara herum nie erwartet hätte. Alles war sehr gepflegt und offenbar auch bei der Bevölkerung beliebt, denn es gab viele Familien mit Kindern, die hier ebenso wie ich lustwandelten und sich an der Blumenpracht freuten.

Allmählich bekam ich Hunger und war froh, als ich ein Gebäude mit einer großen Terrasse entdeckte. In den Restaurants in Usbekistan gibt es nicht die bei uns übliche Anordnung von Tischen mit Stühlen, sondern dort ist um einen großen Tisch herum im Viereck eine lange zusammenhängende Bank mit Rückenlehne gebaut, die Platz für eine Großfamilie bietet. Eine Ecke ist frei gelassen, damit man hineinrutschen kann, ohne über die Lehne hinübersteigen zu müssen. Hier gab es vier derartige Riesentische. Drei waren besetzt, einer war ganz frei.

Ich setzte mich dorthin und versuchte, die Aufmerksamkeit des hin und her eilenden Kellners zu erlangen, da ich bestellen wollte. Immer, wenn er vorbeikam, hob ich die Hand und beugte mich vor, aber er übersah mich geflissentlich. Natürlich hatte ich seit meinem Erscheinen auf der Terrasse für Aufsehen gesorgt – eine Ausländerin alleine unterwegs!

Ich war diese Blicke aber schon gewohnt und ignorierte sie. Es war allerdings neu für mich, dass ich nicht bedient wurde. Ich dachte: Bleib auf jeden Fall ruhig. Lass dich nicht provozieren. Aber gib auch nicht zu schnell auf. Mal sehen, wer den längeren Atem hat.

Meine Umgebung beobachtete mich genau, das merkte ich deutlich, ohne dass ich hingucken musste. Man machte sich Gedanken, wie ich auf den unverschämten Kellner reagieren würde. Die bis jetzt lauten Gespräche wurden leiser, und es lag eine gewisse Spannung in der Luft. Als ich dem Kellner mal wieder ohne Erfolg gewinkt hatte, nahm ich seelenruhig ein Buch aus meinem Rucksack und begann zu lesen.

Ein paar Minuten lang geschah nichts. Aber irgendjemand hatte offenbar dem Chef des Kellners einen Wink gegeben, dass auf der Terrasse draußen nicht alles so lief, wie es sich gehörte.

Denn plötzlich erschien ein Mann von drinnen. Er lief zwischen den Tischen hin und her, schaute niemanden direkt an, brüllte aber laut und ließ eine Tirade von wütenden, abgehackten Sätzen los. Dann verschwand er wieder im Haus. Die Gespräche der anderen Gäste wurden wieder aufgenommen. Der Kellner kam zu mir und fragte nach meinen Wünschen: Suppe, Brot, Tee. Ich las weiter und sah aus den Augenwinkeln, dass alle Gäste sich nach und nach erhoben und die Terrasse verließen. Als mein Essen kam, war ich noch als einzige übrig.

Während ich meine Suppe mit dem Brot aß und meinen Tee trank, machte ich mir aber die ganze Zeit Gedanken, was der Chef wohl gebrüllt hatte? Dass Usbekistan ein gastfreundliches Land sei und ich ihnen nichts getan hätte? Dass sie sich schämen sollten, so ein Benehmen zu tolerieren? Ich genoss erstmal die Ruhe um mich herum und gab dem Kellner am Schluss sogar ein kleines Trinkgeld, das er mit steinerner Miene entgegennahm. Im Geiste hakte ich dieses unangenehme Erlebnis als einmalig ab, was sich leider bald als falsch herausstellen sollte.

Zunächst machte ich mich nun langsam wieder auf den Rückweg zu der Bushaltestelle, als ich plötzlich das schon bekannte Ziehen in meinen Gedärmen verspürte. Sofort machte sich Panik breit: Wo war die nächste Toilette? Ich entdeckte einen Wachmann in einiger Entfernung, der gelangweilt in die Gegend schaute. Ich eilte zu ihm hin und keuchte: „Kitschera-siz, iltimos, hodschatchona qajärda? Jaqin, uzoq?“ („Entschuldiung, bitte, wo ist die Toilette? Nah, fern?“). Er lächelte und deutete auf einen

Seitenweg. Ganz nah stand ein Häuschen, die Tür war offen, es gab nur ein Loch im Boden, aber mehr als ein Loch brauchte ich jetzt auch nicht. Ich hockte mich hin und dachte mal wieder: Das war knapp!

Als ich auf dem Rückweg an dem Wachmann vorbeikam, sagte ich dankbar „Kyatta rahmat", denn er hatte zur richtigen Zeit am richtigen Ort gestanden. Die Attacke war, wie meistens, ganz plötzlich gekommen.

Ich dachte: Vielleicht hat dir der Koch etwas in die Suppe getan, schämte mich aber gleich dieser bösen Gedanken. In diesem Augenblick traf mich ein kleiner Stein an der Schulter. Ich drehte mich um. Hinter einem Busch hockten zwei kleine Jungen, vielleicht acht oder zehn Jahre alt, die ich schon auf der Terrasse gesehen hatte. Sie hoben gerade wieder den Arm, um mich zu bewerfen. Ich machte ein paar energische Schritte auf sie zu, woraufhin sie sich erhoben und die Flucht ergriffen. Aber es dauerte nicht lange, bis ich es wieder hinter mir rascheln hörte. Offenbar wollten sie das Spiel fortsetzen.

Ich ignorierte sie eine Zeitlang, während ich immer eiliger dem Ausgang zustrebte, aber sie hörten mit dem Werfen nicht auf. Ein Mann kam vorbei und schimpfte mit ihnen, was sie aber nicht beeindruckte. Ich wusste, dass die Jungen auf jeden Fall schneller rennen konnten als ich, und da sie immer einen gewissen Sicherheitsabstand einhielten, hatte ich auch keine Chance, sie zu packen. Zum Glück fanden sie wenigstens keine großen Geschosse, aber auch mit kleinen Steinen war das Ganze alles andere als erfreulich.

Irgendwann hatte ich dann zu meiner großen Erleichterung den Ausgang erreicht und stieg sofort in die erste Marschrutka, die gerade vorfuhr. Bloß erstmal weg, dachte ich, diese kleinen Teufel können einem ja wirklich die Freude am Sonntag verderben. Meine Knie zitterten, und ich hatte auch ein bisschen Angst, wollte mir das aber irgendwie nicht eingestehen. Immerhin waren es nur Kinder gewesen … Ich musste dann an der nächsten Haltestelle aussteigen, da dies der falsche Bus war, aber immerhin stimmte die Richtung, so dass ich nicht zurückzufahren brauchte.

Als ich endlich wieder in der Sicherheit meines Hotelzimmers angelangt war, versuchte ich, die unerfreulichen Erlebnisse des Nachmittags zu analysieren, kam aber zu keinem Ergebnis.

In den knapp zwei Wochen hier hatte ich mit vielen Usbeken zu tun gehabt. Nicht alle waren freundlich zu mir gewesen, aber so eine offene Feindseligkeit wie auf der Terrasse, von den frechen Jungen mal ganz abgesehen, hatte ich noch nie erlebt. Ich zuckte die Schultern und dachte: Freu dich auf die Jurte. Shit happens, und du hast dir nichts vorzuwerfen. Hoffen wir, dass so ein Erlebnis einmalig bleibt.

Am nächsten Tag gab es viel zu organisieren: Ich musste packen und für eine Nacht in das andere Hotel umziehen. Ich tauschte auf der Bank viel Geld um, da ich die drei Nächte bei Ranwar bezahlen musste sowie die Taxifahrt zur Jurte und die Übernachtung dort.

Mittags wollte ich wieder in das Restaurant im Zentrum bei dem kleinen See gehen, wo ich die Berliner getroffen hatte, stellte aber mit Schrecken fest, dass sich heute offenbar die gesamte Katzenpopulation Bucharas hier versammelt hatte und unter den Tischen auf Abfälle hoffte. Wegen meiner Tierphobie flüchtete ich in ein im 4. Stock gelegenes Restaurant gegenüber dem Minarett, wo ich vor ihnen sicher war und außerdem einen wunderbar weiten Blick über die Stadt genießen konnte.

Während ich auf mein Essen wartete, las ich in meinem Reiseführer, dass von dem Minarett aus früher der Imam Gebete für die Gläubigen gelesen hatte, die von dort aus über die ganze Stadt schallten. Es hatte aber auch noch einem anderen Zweck gedient: Zum Vollzug von Todesstrafen mussten die Verurteilten dort hinaufsteigen, wurden dann in einen Sack gesteckt und von oben hinuntergeworfen. Mir grauste, und mein Essen schmeckte beim Anblick dieses vielseitigen Minaretts nicht mehr ganz so gut.

Gegen Abend fuhr Ranwar mich in meine neue Unterkunft und meinte, er würde morgen gegen 11 Uhr mit meinem neuen Taxifahrer vorbeikommen und mich für die Fahrt zur Jurte verabschieden. Ich hatte den Großteil meines Gepäcks in seinem Hotel gelassen und nur das Nötigste für diese zwei Nächte mitgenommen.

Er verabschiedete sich herzlich, wünschte mir eine gute Nacht und sagte, wie froh er sei, mich kennengelernt zu haben. Jetzt müsse er aber ganz schnell zurück in sein Hotel, da eine neue Gruppe angekommen sein.

Ich bedankte mich für seine große Fürsorge und fand es eigentlich ungewöhnlich, dass ein Hotelmanager sich so viel Zeit für einen einzelnen Gast nahm. Es war schon interessant, wie viele unterschiedliche Verhaltensweisen ich hier schon erlebt hatte!

Ich schaute mich um. An den Tischen draußen saßen wie immer viele Touristen, und unter den Tischen viele Katzen. Und plötzlich tauchte zu allem Übel auch noch meine erste autoritäre Zimmerwirtin samt ihres spielwütigen Neffen auf. Sie hatten mich noch nicht entdeckt, und so verzog ich mich schleunigst auf mein Zimmer. Es wurde keine erholsame Nacht, denn der Lärm der zahlreichen Gäste an den Tischen draußen ließ mich nicht schlafen, und aus Angst vor den Katzen schloss ich mein Fenster und verzichtete lieber auf frische Luft.

Gegen 11 Uhr am nächsten Morgen war es dann endlich soweit: Ranwar stellte mir einen kleinen, schwarzhaarigen Mann vor, der auch Ranwar hieß. Er besprach mit ihm noch einmal die Route, ermahnte ihn, vorsichtig zu fahren und wünschte uns beiden viel Spaß bei dem Ausflug.

Er hätte mir noch sagen sollen, dass es sich in Usbekistan für eine Dame nicht schicke, vorne auf dem Beifahrersitz Platz zu nehmen. Das lernte ich dann bald durch Erfahrung bei Ranwars erstem vorsichtigem Übergriff. Ich brüllte ihn an, schubste seine Hand weg und nahm nach dem nächsten Stopp hinten Platz.

Er sprach ein seltsames Usbekisch, das sich oft wie Russisch anhörte. Es machte ihn offenbar wütend, dass ich ihn fast nie verstand, und er glaubte wohl, wenn er lauter würde, würde ich ihn besser verstehen. So verausgabte sich der arme Mann während der ganzen Fahrt, ohne dass je eine richtige Verständigung zustande kam. Das war für uns beide ziemlich anstrengend, aber dafür gab es verständlicherweise keine Lösung.

Zur Mittagszeit machten wir in einem Restaurant an der Schnellstraße Halt. Wir wurden prompt bedient und fuhren bald weiter. Soweit ich die Routenbeschreibung aus dem Gespräch der beiden Ranwars vor der Abfahrt verstanden hatte, war es nach dem Erreichen eines großen Sees, den wir nach dem Abbiegen von der Hauptstraße bald sehen würden, nicht mehr weit bis zu unserer Jurte.

Nach dem See wurde aber die Suche ausgesprochen chaotisch. Ranwar wurde immer verwirrter und auch ärgerlicher. Er klingelte an einsamen Häusern, um nach dem Weg zu fragen, und fuhr danach in jeden Seitenweg hinein. Meist endete dieser aber im Gestrüpp, so dass er fluchend wenden musste. Es gab kein einziges Hinweisschild. Fast wollte er schon aufgeben, als eine kleine Straße doch weiter in die Berge hineinführte und wir plötzlich vor uns ein kleines Tal erblickten, in dem zehn Jurten in einem Kreis standen, flankiert von einem etwas größeren Haus aus Stein. Wir hatten nach gut fünf Stunden und fast vergeblichem Suchen unser Ziel erreicht!

Wir parkten das Auto etwas abseits und gingen zu dem Steinhaus. Zwei junge Männer hießen uns willkommen und fragten mich als Erstes, ob ich darüber informiert sei, dass sie mir für die kommende Nacht in der Jurte keine Übernachtungsbestätigung geben könnten. Ich hatte mir fast schon gedacht, dass dies ein illegaler, vom Staat nicht genehmigter Betrieb sei. Denn sonst hätte doch vorne an der Straße irgendein Hinweisschild auf die Jurten aufmerksam machen müssen. Ich zögerte für einen Moment. Hier stand ich nun, kurz vor der Erfüllung eines jahrelangen Traumes, der durch bürokratische Hürden zu scheitern drohte? Nein, das durfte nicht sein!

Ich sagte: „Das regele ich schon irgendwie. Welche Jurte haben Sie mir denn zugedacht?" Einer der jungen Männer führte mich hin. Sie war ganz leer, nur in der Mitte war schon mein Lager mit vielen Decken vorbereitet. Mein Führer sagte, ich solle meine Schuhe immer draußen lassen und zeigte mir, wie ich alles von innen verschnüren könne. Dann gingen wir zu dem Toilettenhäuschen in der Nähe. Es gab drei Türen nebeneinander, sogar mit einem Sitz und oben einem Spülkasten. An der Rückwand waren drei Waschbecken nebeneinander montiert, nur so in der freien Natur, ohne Sichtschutz. Alles starrte vor Schmutz, und doch hatte es einen gewissen Charme, dem ich mich nicht entziehen konnte.

„Um 19 Uhr gibt es Dinner im Haupthaus, und Frühstück ist ab 7 Uhr", sagte der junge Mann noch. Dann ließ er mich allein. Ich trug meine wenigen Habseligkeiten in meine Jurte, die ich jetzt schon liebte. Sie war so schön anzusehen, außen mit ihren farbigen Tüchern, von innen wirkte sie geheimnisvoll und exotisch. Ich nahm meinen Fotoapparat, mein Sitzkissen und meine Reiselektüre und kletterte auf den Berg hinter der Jurte. Von hier aus hatte ich einen guten Überblick. Wohin ich auch blickte, gab es nur niedrige Sträucher und eine Art Heidekraut, überwiegend in der Farbe rostbraun. In der Ferne leuchtete ein schmaler Wasserstreifen des Sees, an dem wir auf der Herfahrt vorbeigekommen waren. Außer dem Zirpen der Grillen waren keine anderen Geräusche zu hören. Ich schloss die Augen und dachte: Hier gefällt es mir.

Als ich ein Geräusch hörte und die Augen öffnete, tauchte Ranwar, mein Fahrer, neben mir auf. Er hatte eine Badehose in der Hand, die er mir hinhielt, dazu sagte er etwas Unverständliches und deutete auf den See in der Ferne. Ganz klar: Er wollte mit mir dort schwimmen gehen. Ich deutete auf meinen Fotoapparat und das Tal, dann auf mein Buch und Sitzkissen und sagte: „Joq“, was „nein“ heißt. Dann sagte ich „jätte“, was „sieben“ heißt, deutete auf meine Uhr und machte die Geste des Essens, indem ich auf das Steinhaus deutete.

Unbeeindruckt versuchte er ein weiteres Mal, mich zum Schwimmen zu überreden, aber ich sagte noch energischer „joq, joq“ und wandte mich ab. Endlich gab er auf und kletterte den Berg wieder hinunter. Hoffentlich hält er sich an die Absprache und lässt mich heute Nacht in Ruhe, dachte ich. Der Hotel-Ranwar hatte ihm befohlen, seinen Schlafsack mitzunehmen und im Auto zu übernachten. Ich hatte auch gesehen, dass er ihn dabei hatte, aber so ganz traute ich ihm doch nicht.

Erstmal machte ich ein paar Fotos von den Jurten und diesem lieblichen Tal, las ein bisschen und ließ im übrigen diese absolute Ruhe auf mich wirken. So ähnlich muss es sein, wenn man sagt, dass die Zeit still steht, dachte ich, als genau in dem Augenblick Motorengeräusch ertönte und ein Kleinbus in das Tal einbog. Sechs junge Leute kletterten heraus, die genau wie wir von den zwei jungen Männern begrüßt wurden. Von meinem Standpunkt hier oben konnte ich alles bestens beobachten. Sie brachten ihr Gepäck je zu zweit in drei Jurten unter, ein bisschen entfernt von meiner eigenen. Sie schienen guter Laune und fröhlich zu sein, und da die Akustik ausgezeichnet war, glaubte ich sogar, einige französische Wortfetzen zu verstehen, was sich später auch bewahrheitete.

Kurz vor 19 Uhr stieg ich hinunter, nahm meinen Sprachführer und meine Taschenlampe mit und ging zum Steinhaus zum Dinner. Ranwar saß schon da, hungrig und nicht in bester Laune, wie mir schien. Aber das war nicht mein Problem. Dann kamen auch die Franzosen, drei Männer und drei Frauen, die sich an den Nebentisch setzten und fröhlich herübergrüßten. Die beiden Jurtenbesitzer bedienten uns. Es gab Reis, Fleischbällchen, Käse, Salat, Brot und Tee, und alles schmeckte sehr gut.

Da ich mit Ranwar sowieso kein richtiges Gespräch führen konnte, stand ich nach einiger Zeit auf, wünschte den Franzosen „Bon Appetit“ und fragte sie auf Englisch, was sie in dieses abgelegene Tal geführt hätte. Sie antworteten, ebenfalls auf Englisch, dass sie zuerst den Norden bereist und nun hier für zwei Tage Kamelreiten gebucht hätten, und ob ich nicht auch Lust darauf hätte?

„Oh nein“, erwiderte ich, „das ist nichts für mich. Ich wollte nur einmal in meinem Leben in einer echten Jurte übernachten.“ „Haben Sie denn keine Angst, so ganz alleine dort?", fragte eine der Frauen. Ich warf einen Blick auf Ranwar und bekannte: „Ein bisschen schon." Einer der Herren, ganz Gentleman, sagte: „Wenn etwas ist, einfach schreien, wir kommen sofort." Ich bedankte mich und hoffte, dass dies nicht nötig werden würde.

Ein anderer Mann aus der Gruppe sagte: „Wir haben Sie schon in Buchara im Restaurant gesehen und uns Gedanken gemacht, ob Sie wirklich alleine reisen?" Ich bejahte es und fragte, ob sie mir Tipps für Besichtigungen geben könnten, da ich nun auf dem Weg nach Norden sei. Chiwa sei klar, meinten sie, aber in Nukus gäbe es eine tolle Gemäldegalerie, das Sawitzky-Museum. Dorthin seien viele berühmte Gemälde von unschätzbarem Wert vor der Zerstörungswut Stalins in Sicherheit gebracht worden. Das sei auf jeden Fall einen Besuch wert. Und auch der Anblick des ausgetrockneten Aral-Sees sei erschütternd und hätte bei ihnen einen tiefen Eindruck hinterlassen.

Ich bedankte mich für die Auskünfte und kehrte zu Ranwar an den Tisch zurück. Er schien besserer Laune zu sein, gesättigt und hoffentlich allmählich müde. Gegen 21 Uhr bedeutete ich ihm, dass ich nun aufbrechen wolle. Er sprang sofort auf, um mich zu begleiten. Ich rief „Bonne Nuit" zu den Franzosen hinüber, was sie fröhlich erwiderten. Gemeinsam traten wir vor die Tür.

Über uns wölbte sich ein unendlicher Sternenhimmel. Trotz seiner Helligkeit war der Strahl meiner Taschenlampe auf dem Weg zu meiner Jurte willkommen. Dort angekommen, sagte ich „Chajr!" zu meinem Begleiter,

„tschüß". Er blieb kurz bewegungslos stehen und sah mir in der Dunkelheit in die Augen. Ich regte mich nicht und dachte nur beschwörend: Nun geh schon, geh endlich weg! Da seufzte er ein paar Mal tief auf, drehte sich um und verschwand stolpernd in der Dunkelheit.

Ich blieb noch eine Weile stehen, um sicher zu sein, dass er nicht umkehren würde, ging zur Toilette, wusch mir an einem dünnen Wasserstrahl über dem dreckigen Becken Gesicht und Hände und putzte sogar Zähne, was ich vielleicht besser nur mit abgekochtem Wasser getan hätte. Aber ich vergaß diese Vorsichtsmaßnahme leider immer wieder.

Eine Zeitlang stand ich noch draußen vor meiner Jurte und genoss den Anblick von Millionen von Sternen. So weit weg von jeglicher Zivilisation war ihr Glanz unbeschreiblich, erhebend, wunderbar, einmalig. Endlich zog ich meine Schuhe aus, kroch nach innen, verschnürte den Eingang und tastete mich zu meiner Lagerstatt hin. Auf dem Rücken liegend sah ich, dass die Sterne durch tausend kleine Öffnungen, die es in dem ansonsten festen Gewebe des Jurtenstoffes gab, hereinschienen. Das ergab einen magischen Effekt, wie es keine 3D-Kamera jemals gekonnt hätte.

Ich hatte ein Gefühl, das es in Häusern aus Stein nie geben kann – das Bewusstsein, innerhalb einer schützenden Behausung trotzdem ein Teil der Natur zu sein, von ihr angenommen und mit ihr verbunden.

Dadurch, dass ich nur durch eine dünne Wand von der Außenwelt getrennt war, wurde es plötzlich wichtig, ob es draußen kalt oder warm, windig oder windstill, dunkel oder hell war. In der Zivilisation hat man das Gefühl für die vielen verschiedenen Beschaffenheiten des Wetters und der Jahreszeiten fast verloren, dachte ich, aber in einer Jurte fühlt man sich richtig am „Busen der Natur", wie es so schön heißt.

Allmählich nickte ich ein, wurde wieder wach, als die Franzosen sich lautstark voneinander verabschiedeten und in ihren Jurten verschwanden. Wieder schlief ich ein, als ich kurz nach Mitternacht plötzlich von einem ohrenbetäubenden Lärm draußen geweckt wurde. Ich hörte trampelnde Hufe, Geblöke, Geschrei und tiefe, durchdringende Laute. Mein erster Gedanke war: Die Welt geht unter, der zweite: Das sind die Kamele für die Franzosen. Neben ihren urigen kehligen Lauten konnte ich nun auch das Geräusch erkennen, wie sie Gras ausrissen und dieses zermalmten, ganz dicht an meiner Jurte.

Ob sie meine Schuhe auch auffressen? Und wann bin ich dran? Zitternd saß ich aufrecht auf meiner Matratze, voller Angst, wie ich mich gegen diese Riesentiere verteidigen sollte – natürlich ein vollkommen irrationaler Gedanke!

Nach einiger Zeit wurde das Blöken leiser, und sie schienen sich zu entfernen. Ich wagte es, mich vorsichtig wieder hinzulegen und schlief irgendwann trotz meiner Angst vor ihnen ein. Gegen 6 Uhr erwachte ich von einem bekannten Ziehen in meinen Gedärmen. Aber wie konnte ich zur Toilette laufen, wenn draußen noch die Kamele standen?

Kurz wog ich ab, ob ich mir einen Aufschub leisten könne, aber die Natur verlangte ihr Recht. Ich löste schnell die Schnüre am Eingang, entdeckte freudig meine Schuhe an ihrem Platz und weit und breit kein einziges Kamel! Ich sprintete los und hatte es mal wieder rechtzeitig geschafft. Als ich herauskam, lag das Tal friedlich und still vor mir. Die ersten Strahlen der Sonne beschienen die Jurten, und alles wirkte wie in einem Märchen. Ich wusste: Diese Erinnerung kann mir keiner mehr nehmen. Eine Nacht ganz alleine in einer Jurte, nur für mich – das war toll. Und meine Angst vor den Kamelen, na ja, es ist ja nichts passiert, und davon muss ja hier auch niemand erfahren.

Um 7 Uhr ging ich ins Haupthaus zum Frühstück und war erfreut, Ranwar auch schon anzutreffen. So ganz nebenbei fragte ich die jungen Männer, die uns das Frühstück brachten, was das um Mitternacht für ein Lärm auf dem Platz gewesen sei. „Oh, die Kamele", sagten sie lachend, „wir mussten sie zusammentreiben und für die anderen Gäste herbringen. Wollen Sie sie sehen?" Ich winkte ab, aber sie ließen nicht locker. Einer führte mich hinter das Haus, wo sechs riesige Kamele angepflockt im Gras lagen und friedlich vor sich hinkauten. Ich machte ein paar Fotos und dachte: Bei Licht besehen wirken sie gar nicht so gefährlich wie letzte Nacht. Aber ein Ritt auf ihnen reizt mich trotzdem nicht.

Ranwar und ich verabschiedeten uns von den beiden Jung-Unternehmern, denen ich noch ein gutes Trinkgeld gab. Sicher war ihnen bewusst, dass sie in diesem autoritär regierten Land mit ihren Privatgeschäften mit dem Kamele- und Jurten-Vermieten an der Steuer vorbei gefährlich lebten, und ihr Mut imponierte mir. Ich sagte, dass dieser Ausflug ein unvergessliches Erlebnis für mich gewesen sei, und das meinte ich auch so.

Aus alter Gewohnheit nahm ich im Auto wieder vorne neben dem Fahrersitz Platz. Zum Glück wurde es aber nicht mehr nötig, Ranwar in seine Schranken zu weisen. Er war vollauf damit beschäftigt, den richtigen Weg nach Buchara zurück zu finden. Wir fuhren zuerst vorsichtig auf dem engen Pfad zurück, der zur Hauptstraße führte.

Als wir dort waren, wollte er zu meiner großen Überraschung nach links abbiegen, obwohl wir von rechts gekommen waren. Ich war mir meiner Sache ganz sicher und rief: „Yok, yok, ongda, Aidarkul-lake!" („Nein, nein, rechts, zum Aidarkul-See!"). Er stoppte, guckte mich verwirrt an und entschied sich nach einer Weile, mir zu glauben. Es hat seinem Ego bestimmt nicht gut getan, dass eine Frau ihn korrigierte, aber als wir an dem See vorbeikamen und es offensichtlich war, dass ich Recht gehabt hatte, nickte er mir sogar bestätigend zu.

Kurz danach kam es zu dem Zwischenfall, als wir vor der Kuppe eines Berges durch die zwei gleichzeitig stattfindenden Überholmanöver unseres und eines anderen Autos durch einen Frontalzusammenstoß fast unser Leben verloren hätten. Ich habe diese Situation schon am Anfang dieses Buches bei dem Thema „Schimpfwörter" beschrieben und konnte wieder einmal nur dankbar denken: Das ist knapp gewesen!

Wir brauchten wieder gut fünf Stunden für die Rückfahrt. Diesmal machten wir keinen Stopp für eine Mahlzeit, aber dreimal hielt Ranwar an und pflückte Arme voll einer Grünpflanze, die am Wegrand wuchs. Sie sah ganz gewöhnlich aus, und ich hatte keine Ahnung, wie er sie später verwenden wollte. Jedenfalls war am Schluss der ganze Kofferraum voll davon. Dazu kamen noch ein paar Melonen, die er an einem Stand an der Straße kaufte, und einmal mussten wir auch tanken.

Die Tankstelle war hübsch eingerahmt von Sträuchern mit blühenden weißen Rosen. Ranwar pflückte plötzlich eine Rose ab und überreichte sie mir mit einer kleinen Verbeugung. Natürlich lächelte ich und bedankte mich, aber im Grunde war er mir nicht sympathisch. Vielleicht wollte er auch nur vorbeugen, dass ich dem Hotelmanager Ranwar nichts Negatives über ihn erzählte, denn dieser hatte kurz vorher angerufen und gefragt, ob alles in Ordnung sei, und wann wir ankommen würden. Ich fand diese Fürsorge etwas übertrieben, aber wenn ich an den Augenblick auf der Kuppe des Berges dachte und an unseren Beinahe-Zusammenstoß, schien sie doch wieder irgendwie berechtigt zu sein.

Als wir dann endlich im Hotel ankamen, gab es, auch vom Personal, eine so herzliche Begrüßung, als wäre ich in den Schoß der Familie zurückgekehrt. Ich bezog für meine letzte Nacht dort ein neues Hotelzimmer, schlenderte ein letztes Mal durch die mir inzwischen vertraute Altstadt von Buchara und freute mich auf die abendliche Essenseinladung von Ranwar.

Als wir losgingen, schlug er das Restaurant neben dem kleinen See mit den vielen Katzen vor. Ich hatte als Gegenvorschlag das Restaurant im 4. Stock neben dem Minarett, aber er meinte, mit dessen Besitzern sei er quasi verfeindet, das ginge nicht. Also schlugen wir den Weg zum See ein. Und dann kam eine Frage, die ihm offenbar sehr am Herzen lag. Ich merkte es an dem Ton, den er anschlug.

„Miss Frauke, how old are you?“ Ich lachte und sagte, dass mein Pass seit fünf Tagen in seinem Schreibtisch läge. Da müsse er doch wohl wissen, wie alt ich sei? Vielleicht wollte er mir ein Kompliment machen, dass ich jünger aussähe? Oder er wollte hören, dass es einen Tippfehler im Pass gäbe? Ich weiß es nicht. Wir redeten nicht mehr, bis wir einen Tisch gleich am Wasser gefunden hatten.

Wir bestellten Hähnchen, Chips und Cola. Wie erwartet, streiften die Katzen unter dem Tisch um meine Beine herum, was mich fast verrückt machte. Ranwar bemerkte es natürlich. Er saß mir dicht gegenüber, beugte sich nun nahe zu mir hin, jedoch ohne mich zu berühren. Seine Stimme wurde ganz weich, als er leise zu mir sagte: „Miss Frauke, you needn’t be afraid of cats. Just look into my eyes.“ Dabei blickte er mich in einer Art und Weise an, die mir durch und durch ging.

Ich hatte geglaubt, gegen diese Art von Blicken auf Grund meines Alters inzwischen gefeit zu sein. Außerdem fand ich Ranwar nur nett, nicht mehr. Aber da ich solche Worte in dieser Situation überhaupt nicht erwartet hatte, schon gar nicht von so einem jungen Mann, war ich vollkommen überrumpelt. Und das Wunder geschah:

Wir schauten uns an, und da gab es plötzlich keine Katzenphobie mehr! Nur noch unseren Augenkontakt.

Als das Essen kam, setzte ich mich leicht verlegen wieder gerade hin. Die Katzen waren immer noch da, aber ich beachtete sie nicht. Ich war mit meinen Gedanken ganz weit weg. Ranwar führte die Unterhaltung, als sei nichts vorgefallen, und erzählte, dass sein größter Wunschtraum der Besuch einer guten Sprachenschule in England sei. Er mache viel zu viele Fehler, was bei seinen Gästen nicht gut ankomme. Das werde aber für immer ein Wunschtraum bleiben, da man für ein Studium im Ausland vorher so viel Geld beim Staat hinterlegen müsse, wie die Ausbildung kostete, und das könnte sich fast niemand leisten. Er fuhr träumerisch fort: „Danach kaufe ich mir ein großes Hotel und werde reich. Und dann spende ich überall Geld und tue Gutes. Und wenn ich durch die Straßen gehe, deuten alle Menschen auf mich und sagen: ‚Schaut mal, da geht Ranwar. Er ist unser Wohltäter und hilft allen Armen in der Stadt.'"

Das erzählte mir der 22-jährige Ranwar aus Buchara mit glänzenden Augen, während wir unser Hähnchen verspeisten und ich immer noch die Katzen unter dem Tisch ignorieren konnte. Ich war nach wie vor verwirrt von der Macht einiger verliebter Worte, die zur rechten Zeit am rechten Ort zumindest für die Dauer unseres Rendezvous Wunder bewirkt hatten.

Wer war Ranwar? Ein Charmeur? Ein verhinderter Wohltäter auf den Spuren von Bill Gates? Ein Träumer? Oder ein Spinner? Ich war mir nicht sicher, da ich wegen seiner Worte und meiner Reaktion darauf immer noch leicht durcheinander war.

Als ich mich wieder gesammelt hatte, fragte ich ihn, ob er auch eine Familie gründen wolle. „Ja“, sagte er, „die Familie ist sehr wichtig für mich. Aber ich habe es nicht eilig. Es ist nicht leicht, eine Frau zu finden, die gut zu einem passt.“ Er fragte auch nach meiner Familie und wollte Fotos meiner Kinder sehen. Ich erzählte ihm von den anderen Reisen, die ich seit der Pensionierung gemacht hatte. Daraufhin ging er zwar nicht so weit, dass er sie mir hätte verbieten wollen wie verschiedene andere usbekische Männer, aber er sagte eindringlich: „Miss Frauke, can you please come back to Buchara one day? You know that I have taken a liking to you.”

Ich erwiderte, dass ich nicht versprechen könne, zurückzukommen, da es noch so viele Länder auf der Welt gäbe, die ich sehen wolle. Ich wartete jeden Augenblick darauf, dass er mich um Geld bitten würde, wofür auch immer, aber da lag ich falsch. Er sagte nur noch einmal, dass ich eine wunderbare Frau sei, und ich bedankte mich für alles, was er für mich getan hatte. Wir tauschten unsere Email-Adressen aus.

Auf dem Heimweg gingen wir stumm nebeneinander her. Jeder hing seinen Gedanken nach. Beim Abschied im Hotel sagte er nur kurz „sleep well“, fügte dann aber mit einem Augenzwinkern hinzu, „and don’t forget, you need not be afraid of cats.“ Und ich dachte beim Einschlafen „just look into my eyes“ und glitt mit einem ungewohnt wohligen Gefühl hinüber in das Reich der Träume.

Am nächsten Morgen stand der Abschied bevor. Viele Lesezeichen wechselten ihren Besitzer, und es gab ein Abschiedsfoto von Anna, dem reizenden jungen Mädchen an der Rezeption, Ranwar und mir. Anna sagte, ich sei so „merry" und würde sie an ihre Großmutter erinnern, und Ranwar schüttelte mir kurz die Hand. Plötzlich stand der andere Ranwar, mit dem ich den Jurtenausflug unternommen hatte, in der Halle. Er ergriff wie selbstverständlich mein Gepäck und verstaute es in seinem Wagen. Ich war nicht sonderlich begeistert, dass ausgerechnet er mich nach Chiwa fahren würde, aber das hatte der Hotelmanager so beschlossen. Ich hoffte nur, er würde nicht wieder zu wild fahren.

Tatsächlich erlebte ich auf der siebenstündigen Fahrt nach Chiwa meinen ersten und einzigen Urlaubsregentag, der die Straßen schnell in Matsch verwandelte, so dass an Rasen gar nicht zu denken war. Diesmal passte ich beim Einsteigen auf und setzte mich gleich in den Fond. Mein Fahrer hatte das Bemühen um eine Unterhaltung mit mir zum Glück inzwischen aufgegeben und ließ die ganze Zeit über eine Kassette mit östlich klingender Volksmusik laufen, während der ich gut meinen Gedanken nachhängen und ein bisschen Bilanz ziehen konnte.

Am meisten beschäftigte mich, dass ein junger Mann als Lebensziel anstrebte, als Wohltäter bezeichnet zu werden. War der Grund dafür wirklich nur edel? Oder war es Narzismus? Oder lagen ihm Minderwertigkeitskomplexe zugrunde? Warum fiel es mir so schwer, dieses Streben einfach als den Wunsch eines guten Menschen ohne Hintergedanken zu akzeptieren? Dachte ich zu materialistisch und zu „westlich“? Ich hatte Tausende von Schülern unterrichtet und konnte mir keinen einzigen vorstellen, der sich wie Ranwar das Ziel gesetzt hätte, später ein Wohltäter zu werden.

Ich lehnte mich in die Polster zurück und entschloss mich, ein andermal über dieses Phänomen nachzudenken. Um es vorwegzunehnem: Nach meiner Rückkehr nach Deutschland tauschten Ranwar, der Hotelmanager, und ich noch ab und zu Neuigkeiten per Mail aus, doch irgendwann kamen keine Antworten mehr, und der Kontakt brach ab.

Ranwar blieb mir als derjenige Mensch in Erinnerung, dem das unvorstellbare Kunststück gelungen war, mir zumindest für eine kurze Zeitdauer die Angst vor Katzen zu nehmen. Dies kommt mir immer noch, die ich Zeit meines Lebens an einer Tierphobie leide, wie ein Wunder vor. Außerdem hatte er mir den Traum einer Nacht in einer Jurte erfüllt. Für beides bin ich ihm heute noch sehr dankbar.

Chiwa

Auf dem Weg nach Chiwa passierten wir dreimal eine Polizeikontrolle. Ranwar hielt jedes Mal brav an, sagte „Salam aleikum“ und drückte dem Polizisten die Hand, wobei ein paar Geldscheine den Besitzer wechselten. Auf mich warf man nur einen flüchtigen Blick, und dann wurden wir durchgewunken. In Chiwa hatte der Regen aufgehört. Die Straßen dampften von dem verdunstenden Wasser. Ich war im Hotel „Malik“ angemeldet, doch das war ausgebucht. Man verwies mich an das Hotel „Malika“, das etwas teurer sei, doch noch freie Zimmer hätte. Als wir zum Auto zurückgingen, pries Ranwar mir als Alternative die Unterkunft bei seinem Cousin an, die viel billiger und zentraler und perfekt sei. Ich aber blieb stur und sagte nur immer wieder „Hotel Malika“. Endlich gab er seufzend nach und fuhr mich zu meinem gewünschten Ziel, das auch wirklich, wie sich bald herausstellen sollte, ein Glückstreffer war.

Der Abschied von meinem Fahrer war kurz und kühl. Wir hatten in den letzten Tagen so einige Höhen und Tiefen zusammen erlebt, und er hatte bestimmt kein leichtes Leben in diesem Staat, aber ich war doch sehr froh, dass ich von jetzt an nichts mehr mit ihm zu tun haben würde. Ohne Bedauern sah ich seinem Wagen nach, bis er hinter der nächsten Kurve für immer aus meinem Leben verschwand.

Chiwa mit seinen nur 50.000 Einwohnern kann man gut als „Museumsstadt“ oder als „steingewordenes Märchen aus 1001 Nacht“ bezeichnen. Die Altstadt, von einer hohen Stadtmauer mit vier Stadttoren umgeben, besteht praktisch nur aus Medresen, Mausoleen, Moscheen, Museen, zwei Palästen, Gebetshallen, Bädern, Karawansereien und überdachten Bazaren, alles dicht an dicht gebaut.

Nur 4.000 der heutigen Bewohner wohnen dort. Alle anderen und die meisten Hotels sind außerhalb angesiedelt. In meinem Führer stand, dass Chiwa, wie alle Städte Usbekistans, „immer älter würden". Das verstand ich zunächst nicht, bis ich beim Weiterlesen erfuhr, dass fast jährlich Archäologen neue Beweise fänden, denen zufolge viele Siedlungen älter seien als bisher angenommen und dadurch das Alter einer Stadt logischerweise zurückdatiert werden müsse. Im Jahr 1997 feierte Chiwa sein 2.500-jähriges Stadtjubiläum. Ursprünglich als Oase am Fluss Amur-Darya zwischen zwei Sandwüsten gelegen, macht sie auch heute noch durch viele blühende Bäume und Blumenrabatten den Eindruck einer fruchtbaren Gegend. Dies liegt aber hauptsächlich an dem raffinierten Kanalbewässerungssystem, das vor Hunderten von Jahren gebaut worden war.

Im 13. und 14. Jahrhundert war Chiwa eine sehr große Stadt, da sie an einem der Haupthandelswege der Seidenstraße lag. Die Minarette der Stadt lockten als weithin sichtbare „Wüstenleuchttürme" durchziehende Karawanen an, so dass der Handel blühte. Traurige Berühmtheit jedoch erfuhr die Stadt in dieser Zeit durch die Tatsache, dass sie damals das Zentrum eines weitverzweigten Sklavenhandels wurde. Wie viele furchtbare Tragödien sich innerhalb dieser Mauern, die auch heute noch wie eine Festung wirken, über einen langen Zeitraum hin abspielten, vermögen wir uns heute gar nicht mehr vorzustellen.

Entschlossen schüttelte ich diese traurigen Gedanken ab. Ich würde drei Nächte hierbleiben und so viel wie möglich besichtigen. Zwar war ich aufgeklärt genug, um zu wissen, dass es leider auch heute noch Sklavenhandel auf der Welt gibt. Ein kleiner Trost gegenüber dem finsteren Mittelalter schien mir aber zu sein, dass es heute mehr Menschenrechtsorganisationen gibt als früher, und dass sie ihr Bestes tun, über dieses Übel aufzuklären.

Allmählich musste ich mir auch einen Plan für die restlichen zwölf Tage bis zu meinem Abflug machen. Ich packte nach der Ankunft im Hotel erstmal meine Sachen aus und ging dann hinunter zur Rezeption, wo ich auf einen jungen Mann, Jasur, traf, der genauso nett und entgegenkommend war wie Ranwar in Buchara. Ich konnte mein Glück kaum fassen, als er das Problem mit meiner Reiseplanung sofort zu seinem eigenen machte! Das war wirklich keine Selbstverständlichkeit, aber er zückte sofort seinen Notizblock, nachdem ich ihm erklärt hatte, worum es ging, schrieb sich meinen Zeitplan auf und schlug nach einigem Überlegen folgende Stationen vor: Chiwa – Burgenbesichtigungen in der Wüste – Urgench–Mangit – Nukus – Aral-See – Zugfahrt nach Taschkent – Weiterfahrt ins Fergana-Tal – Rückfahrt nach Taschkent – Abflug. Das würde genau zwölf Tage in Anspruch nehmen.

Er meinte, er könne von hier aus alles bis Nukus einschließlich des Aral-Sees organisieren und morgen mit mir zum Bahnhof gehen, um die Zugfahrkarte nach Taschkent, die reservierungspflichtig sei, zu kaufen.

Alles andere könne ich vor Ort erledigen, da ich mich ja bis jetzt offenbar auch ganz gut alleine durchgeschlagen hätte. Ich strahlte ihn an, sagte: „You are perfect!" und fügte hinzu, dass ich alles genauso tun würde, wie er es vorgeschlagen hatte. „Aber“, fragte ich vorsichtig, „kann ich die Fahrkarte morgen nicht auch alleine am Bahnhof kaufen?“

Er winkte sofort ab. Ich als Ausländerin und als Frau und ohne fließend Usbekisch zu sprechen, nein, das würde nie klappen. Da müsste er schon dabei sein. Ich dachte, dieses Land ist kompliziert, aber ich glaubte ihm.

Allerdings war bei der Aufzählung der Orte für meine letzte Tour bei der Erwähnung des Fergana-Tals eine Warnlampe in meinem Kopf angegangen. Einige meiner deutschen Freunde hatten große Bedenken geäußert, als sie hörten, dass ich alleine nach Usbekistan reisen wolle. „Das Land ist instabil, und die politische Lage höchst brisant“, sagten sie. „Vor kurzem gab es außerdem Terroranschläge im Fergana-Tal. Aber dorthin verbietet es sich ja sowieso zu fahren.“ Ich hatte damals zugestimmt, und nun plante ich es doch? Mit einem Achselzucken schob ich das Problem erstmal zur Seite. Noch war ja nichts entschieden.

Über all dem Planen war es Abend geworden. Ich beschloss, einen ersten Bummel durch die Stadt zu machen. Die Abendsonne verlieh den Gebäuden am Nordtor, an dem mein Hotel lag, einen rötlichen Glanz, der den Eindruck des Orientalischen noch erhöhte. Ich machte ein paar Fotos und wurde dabei von zwei Frauen überholt, die Deutsch miteinander sprachen.

Schnell kamen wir ins Gespräch. Sie erzählten, dass sie aus Berlin seien und zu zweit mit dem Auto unterwegs. Dies sei ihre erste längere Station. Ich fragte: „Dann haben

Sie das Baumwollölvirus noch nicht kennengelernt?" Beide winkten verächtlich ab und erwiderten, das alles sei dummes Gerede und nur eine Frage der Hygiene. Ich sagte nichts dazu, obwohl ich es besser wusste.

Wir gingen noch eine Weile weiter zusammen spazieren und unterhielten uns über Kunst und Architektur. Ich fand beide etwas anstrengend und belehrend und wunderte mich nicht, als sich herausstellte, dass sie pensionierte Lehrerinnen waren.

Am nächsten Abend machte ich wieder einen Altstadtbummel, traf aber nur eine der Frauen an. „Meine Freundin hat es erwischt", bekannte sie kleinlaut, „heute Nacht ging es los. Ich war schon in der Apotheke und versorge sie mit Tee und Zwieback. Aber jetzt muss ich auch mal raus an die frische Luft."

Ich bemitleidete sie und trug ihr Grüße auf. Dabei überlegte ich, wann ich wohl wieder „dran" wäre. Die letzte Attacke lag drei Tage zurück, was kein schlechter Schnitt war. Das Unheimliche an diesem Virus war ja, dass man nie im Voraus wusste, wann es wieder zuschlagen würde. Ich hoffte immer, dass es diesmal das letzte Mal gewesen wäre, weil mein Körper sich endlich umgestellt hätte, aber dann folgte unweigerlich ein „allerletztes" und ein „aller-allerletztes" Mal …

Am nächsten Morgen gingen Jasur und ich, wie verabredet, zum Schalter am Bahnhof. Wie er es vorausgesagt hatte, gab es keine Schwierigkeiten. „Es gibt nicht viele Zugstrecken in Usbekistan", sagte er, „aber die Verbindung Nukus-Taschkent-Samarkand ist gut ausgebaut und wird auch viel benutzt. Ins Fergana-Tal fahren Sie dann wieder mit dem Taxi.“ Er besorgte mir außerdem telefonisch ein Hotel in Nukus und lieh mir für zwei Sätze sein Handy, da meines nicht funktionierte und Ranwar dringend um einen Anruf gebeten hatte, ob ich gut angekommen sei. Im Grunde fand ich seine Bitte machohaft, aber ich erfüllte sie trotzdem.

Danach begann ich mit einer ausführlichen Stadtbesichtigung. Es war nicht schwierig: man ging praktisch von Haus zu Haus, weil fast alle Gebäude zu besichtigen waren.

Ich mischte mich verbotenerweise oft unter Gruppen mit englischen oder deutschen Führern, weil ich von ihren Erklärungen viel profitierte und hoffte, dass ich dabei nicht zu unangenehm auffiel.

Als ich einmal nahe bei einer Gruppe aus Österreich stand, sagte ihr Führer plötzlich, sie sollten nun alle in den Hof nebenan gehen, da sie dort eine Extra-Tanzaufführung gebucht hätten. Die wollte ich auch anschauen! Ich schloss mich kurzentschlossen den anderen an, drückte dem Führer einige Som in die Hand und nahm auf der letzten Bank Platz.

Hinter uns wurde abgeschlossen. Dann kam eine berühmte usbekische Seiltänzergruppe, die aus einem Vater und seinen zwei erwachsenen Söhnen bestand. Sie vollführten auf einem ziemlich hohen Seil ohne Sicherheitsnetz sehr waghalsige und atemberaubende Kunststücke. Ich hörte von dem Kommentator, dass die Usbeken ein sehr sportliches und talentiertes Volk seien, woran ich nicht zweifelte. Sie balancierten mit und ohne Stangen, machten Kopfstand und zeigten bei allem eine derartige Körperbeherrschung, dass ich aus dem Staunen nicht herauskam. Wie froh war ich, dass ich es geschafft hatte, mich hier hineinzuschmuggeln!

Eine Dame sprach mich an und sagte, mein Gesicht hätte sie hier noch gar nicht gesehen. „Ich bin nur heute dabei“, gab ich zurück, und nach der Aufführung tauchte ich schnell wieder in dem Gewühl anderer Touristen unter.

Zur Mittagszeit herrschte in allen Restaurants Hochbetrieb, so dass man dichter als sonst nebeneinander saß. Ich fand noch Platz neben einem Ehepaar aus Bern, die freundlich zur Seite rückten. Sie hatten für den Tag eine Führerin gemietet, die sogar während des Essens viel über Land und Leute zu erzählen wusste. Ich hörte begierig zu und dachte: Ich bin ja lieber alleine unterwegs, aber wenn man alle Informationen einfach so ohne Mühe serviert bekommt, sogar beim Essen, ist das auch praktisch.

Das Ehepaar bemerkte mein Interesse und fragte, ob ich sie begleiten wolle. Sie hätten gleich eine private Tanzvorführung in einem kleinen Saal hier gleich um die Ecke gebucht. Ich sagte freudig zu, wenn ich dafür bezahlen dürfte, was sie gerne annahmen.

Wieder erlebte ich einen ausgesprochen sehenswerten Auftritt, diesmal von einer Familie, die aus den Eltern, zwei Töchtern und einem Sohn bestand. Die Kinder waren so zwischen 12 und 16 Jahre alt. Hier war sogar vom Sohn gespielte Akkordeon-Musik dabei. Sie tanzten nicht nur in schönen bunten Kostümen, sondern sangen ebenfalls, wobei sie sich zwischendurch rhythmisch auf den Mund schlugen, was wie Trommelklang wirkte. Der Vater trug eine dicke Pelzmütze, die an den sibirischen Winter erinnerte und sehr fotogen war. Wieder machte mich die Gelenkigkeit ihrer Glieder sprachlos.

Das Mädchen zeigte uns einen kleinen Ring, den sie vor sich auf den Boden legte. Dann drehte sie sich um, so dass er hinter ihr lag. Nun beugte sie sich langsam nach hinten, immer weiter, bis ihr Kopf den Boden berührte und sie ihn mit dem Mund aufnehmen konnte. Langsam kam sie dann wieder hoch und zeigte uns den Ring, den sie aus dem Mund herausnahm.

Selbst wenn es ein Trick war und sie den Ring schon vorher im Mund gehabt hatte, hatte sie doch vor unseren Augen eine derartige Gelenkigkeit gezeigt, wie ich sie noch nie gesehen hatte. Wir applaudierten begeistert, und da ich alle so sehr bewunderte, schenkte ich hinterher der ganzen Familie je ein Lesezeichen, was zuerst verdutzt, dann aber erfreut angenommen wurde.

Abends beim Stadtbummel traf ich die beiden Tanzschwestern wieder. Arm in Arm zogen sie in Jeans und T-Shirt mit einer Gruppe anderer Jugendlicher fröhlich durch die Straßen.

Schön, wenn sie auch einen normalen Alltag haben, dachte ich, denn es ist ja eine Tatsache, dass derartige Spitzenleistungen nur mit Druck, Tränen und eiserner Disziplin erreicht werden. Erfolg ist etwas Schönes, aber der Preis dafür ist immer hoch.

Weiter ging es mit den Besichtigungen. Ich stand vor dem Minarett „Kalta Minor“, das niedriger als die Gebäude drum herum war und sich nicht nach oben hin verjüngte, wie die anderen Minarette, die ich bis jetzt gesehen hatte. Es sah aus, als hätte man mitten beim Bauen plötzlich damit aufgehört. Und so war es auch.

In meinem Stadtführer las ich, dass der Auftraggeber, ein reicher Scheich, es 1851 in Auftrag gegeben und befohlen hatte, so lange weiter zu bauen, bis man bis Buchara sehen könne. Das wäre dann wohl das höchste Gebäude der Welt geworden. Vier Jahre später starb der Scheich, und es fand sich kein Nachfolger für die Erfüllung seiner ehrgeizigen Pläne. Deshalb steht es seitdem unvollendet mitten in Chiwa.

Nicht weit davon entfernt entdeckte ich bei einer anderen wunderbar verzierten und diesmal vollendeten Moschee etwas, was mir seltsam vorkam: In den Türmen steckten nämlich einige lange Gerüststangen, die dort eigentlich nicht hingehörten. Während ich noch darüber grübelte, was es damit auf sich haben könne, sagte der Führer einer Gruppe neben mir: „Achten Sie auf die langen Gerüststangen dort oben. Sie sollen böse Geister von der Moschee fernhalten. Da diese aber nur fertig gestellte Gebäude heimsuchen und die Stangen zeigen, dass hier noch gebaut wird, muss hier niemand vor ihnen Angst haben. Ja, der Aberglaube ist noch groß in diesem Land.“

Nun wusste ich Bescheid. Eigentlich praktisch, dachte ich, einfach ein paar Stangen stecken lassen, und dann hat man eine gewisse Garantie, dass dem Neubau nichts passieren wird. Denn wenn man fest an etwas glaubt, geht es ja meistens auch in Erfüllung.

Kurz darauf lenkte eine Gruppe festlich gekleideter Menschen, die einem kleinen Jungen folgte, meine Aufmerksamkeit auf sich. Der Kleine war herausgeputzt wie ein Erwachsener und kam sich natürlich sehr wichtig vor. Er hatte eine Art Zepter in der Hand, das er hin und her schwenkte und wohl so etwas ausrief wie: „Platz machen für die Hochzeitsleute!" Denn hinter ihm kam zuerst eine Musikgruppe und dann gleich drei Hochzeitspaare auf einmal mit vielen Freunden und Verwandten. Die Bräute waren alle in Weiß, und die Bräutigame im schwarzen Anzug und einer Rose im Knopfloch. Ab und zu machten sie Halt. Dann wurde die Musik lauter, und alle tanzten auf der Straße. In Chiwa war das kein Problem, denn die Innenstadt war sowieso autofrei.

Ich fand, dass besonders die Bräute gestresst aussahen. Ich überlegte, ob es vielleicht eine Zwangsheirat war, aber Stunden später, als ich gerade nach Hause gehen wollte, traf ich dieselbe Gruppe wieder, immer noch abwechselnd laufend und tanzend.

Später hörte ich von einem Führer, dass es in Usbekistan Sitte sei, am Hochzeitstag stundenlang kreuz und quer durch den Ort zu gehen, um sich zu zeigen und mit allen zu feiern. Ein Festessen gibt es erst am Abend. Eine anstrengende Sache, so eine Hochzeit, und alles mit hochhackigen Schuhen und bei jedem Wetter!

Als ich zurück ins Hotel ging, dachte ich: Das Beste heute waren die Tanzvorführungen. Aber auch die Säulen in der

„Juma"-Moschee waren phantastisch. So etwas hatte ich noch nie gesehen: eine Säulenhalle mit 218 geschnitzten Holzsäulen, die die Decke stützten. Sie wird das „Cordoba Mittelasiens" genannt. Die Säulen waren schlank, hatten oben Kapitelle und unten ein kugelförmiges Element. Für ihre Verzierung brauchte man damals pro Säule mindestens einen Monat. Viele waren auch aus anderen Gebäuden hierhergebracht worden, und alle stammten aus verschiedenen Jahrhunderten. Wenn man sie etwas länger betrachtete, konnte man den Stilwandel im Laufe der Zeit deutlich erkennen. Die älteste stammte aus dem 10., die jüngste vom Ende des 18. Jahrhunderts. Dort hatte ich viel fotografiert und mich lange aufgehalten.

Im Hotel nahm ich dann noch ein kleines Abendessen ein und freute mich, dass ich nun nicht mehr herumlaufen musste, da das Besichtigen wirklich anstrengend gewesen war. Gerade war eine Gruppe von Jugendlichen aus Australien eingetroffen. Sie erzählten mir, dass sie morgen einen halben Tag für Chiwa eingeplant hatten. „Warum nur so kurz?", fragte ich erstaunt. „Oh, wir haben uns viel vorgenommen", antworteten sie, „vor drei Tagen sind wir nach Beijing geflogen, und nach Usbekistan kommt noch Bangkok dran, und im Ganzen haben wir nur zehn Tage, bis wir wieder in Sydney sein müssen."

No comment, dachte ich, weniger wäre mehr, wünschte ihnen aber trotzdem eine gute Weiterreise.

Als mir Jasur für einen Tag die Besichtigung alter Burgen vorgeschlagen hatte, suchte ich gleich in meinem

Reiseführer nach Informationen darüber. Ich las, dass es Richtung Urgench im Norden an die 20 Burgen gäbe, die selbst heute noch eine Fundgrube für Archäologen seien. Die frühesten stammten aus dem 4. Jahrhundert vor Christi Geburt. Mehr war nicht zu erfahren, so dass ich keine Ahnung hatte, was mich nun wirklich erwartete.

Mein für diesen Tag gebuchter Fahrer holte mich pünktlich um 9 Uhr am Hotel ab. Wir fuhren über Urgench hinaus scheinbar mitten in unbewohnte Wüste hinein, nun gelegen in Karakalpakstan, einer bis dahin noch nicht sehr gut erschlossenen Region Usbekistans. Hier wird neben Usbekisch und Russisch Karakalpakisch gesprochen, das auch zu den Turksprachen gehört. Das war sicher auch der Grund für die Schweigsamkeit meines Fahrers, der auf jeden Fall kein Englisch sprach. Er hatte von Jasur die Aufgabe bekommen, mir ein paar der 20 Burgen zu zeigen und mich danach wieder im Hotel abzuliefern. Was ich wissen musste, erledigte er mimisch.

Ich sah in ihm einen Helden, der mich gleich bei der ersten Burgbesichtigung aus höchster Not errettete. Das kam so: Hinter Urgench, einer Stadt von 140.000 Einwohnern, sah ich bald nur noch Wüste um uns herum, flaches Land, ein paar Sträucher, wenig Vegetation. Wenn eine Straße abbog, gab es keine Beschilderung, wohin sie führte. Als ob der Staat sich neugierigen Fremden verweigere und seine Schätze für sich behalten wolle. Mein Fahrer schien aber genau zu wissen, wohin er wollte. Und plötzlich erhob sich vor uns wie aus dem Nichts eine Riesenburganlage, mächtig und offenbar gut erhalten.

Ich ergriff aufgeregt meinen Fotoapparat und stieg aus. Mein Fahrer machte eine einladende Geste, was wohl bedeuten sollte: „Hier ist Ihre erste Burg. Viel Spaß beim Besichtigen“, und machte es sich hinter seinem Steuer bequem. Ich erkletterte einen kleinen Hügel und folgte dann einem schmalen Weg, der hinunter zu einer Senke führte. Einmal warf ich einen Blick zurück, aber das Auto und mein Fahrer waren schon verschwunden. Mein Plan war, in dieser Senke an den steil aufragenden Mauern einmal um die Burg herum zu laufen und dabei eventuell einen Eingang ins Innere zu finden. Wenn ich dann wieder auf diesen Pfad träfe, würde ich hinaufklettern und zum Auto zurückkehren.

Voller Spannung lief ich in dem nun ausgetrockneten Burggraben los. Er war voller Unkraut und fast zugewachsen. Offenbar war ich hier weit und breit der einzige Mensch, der sich für alte Burgen interessierte. Das machte mir aber nichts aus. Die steil aufragenden dicken Mauern erweckten in mir Erinnerungen an Ritterromane wie z. B. „Ivanhoe“ von Walter Scott, die ich in meiner Jugend verschlungen hatte. Außer dem Zirpen der Grillen war es ganz still um mich herum.

Neugierig folgte ich dem schmalen Weg an den Mauern entlang, als ich plötzlich vor mir das Brechen von Zweigen und das Schnauben eines Pferdes zu hören glaubte. Vorsichtig bog ich um die nächste Ecke und sah mich einem alten Mann gegenüber. Er war sehr ärmlich gekleidet und hatte den Arm voller Zweige, die er in die Seitentaschen eines neben ihm stehenden Esels stopfte.

Er grinste mich mit einem zahnlosen Mund an und murmelte irgend etwas. Ich sagte laut und fröhlich: „Salom alajkyum“ und „Dalaj-siz?“ („Wie geht es Ihnen?“). Wahrscheinlich sprach er nur karakalpakisch, aber die Begrüßung zumindest hatte er bestimmt verstanden. Er strahlte mich an und wedelte mit den Armen. Ich nickte und sagte mehrmals „jach'sche“ („gut“), obwohl ich keine Ahnung hatte, was er meinte.

Dann trennten wir uns. Er ging mit seinem Esel weiter in die Richtung, aus der ich gekommen war, und ich fuhr fort, immer an der hohen Mauer entlang, die Burg zu umrunden. Das Unterholz wurde aber immer dichter und das Gehen mühsamer. Außerdem war es sehr heiß, und die Stille und die Einsamkeit um mich herum wurden allmählich bedrückend. Es schien auch nirgends einen Eingang in das Burginnere zu geben. Ich beschloss, umzukehren.

Jetzt hatte ich die Burgmauer zu meiner Linken. Zurück schien es schneller zu gehen. Ich glaubte, bald wieder auf den alten Mann mit seinem Esel zu treffen, aber er hatte wohl einen anderen Weg genommen. Ich dachte: Wenn ich mich immer dicht an der Mauer halte, muss doch bald rechts der kleine Weg auftauchen, auf dem ich vom Parkplatz her heruntergekommen bin.

Ich begann zu schwitzen und mich gar nicht mehr wohl zu fühlen. Ich sah mich um. Alles sah gleich aus: die Burgmauer, das Gestrüpp, die Büsche, nichts Bekanntes, vor allem kein Weg, der von der Senke weg zu dem rettenden Parkplatz führte. Voller Sorge dachte ich, dass ich mich wie eine Anfängerin benommen hatte. Ich hätte die Abzweigung irgendwie markieren müssen, statt einfach loszulaufen. Wie sollte ich nun bloß alleine zum Parkplatz zurückfinden?

Da hörte ich in der Ferne jemanden rufen. Eine Gestalt stand auf einem Hügel und winkte mit den Armen. Sie zeichnete sich deutlich gegen den Horizont ab. Es war mein Fahrer!

Ich war auf dem Rückweg viel zu weit gelaufen und hatte somit die Abzweigung, die zu dem Parkplatz führte, verpasst.

Ich war so erleichtert, dass ich versuchte, zurück zu rennen, was aber wegen der vielen Disteln und dem dichten Gestrüpp nicht möglich war. Sobald ich in die Nähe meines Fahrers kam, erklomm ich den Hügel. Er streckte mir seine Hand entgegen und zog mich hoch. Für den Bruchteil einer Sekunde lag ich an seiner breiten Brust, ehe er mich losließ und ich wieder mit beiden Füßen auf fester Erde stand.

Ich war außer Atem und keuchte: „Kyatta rahmat!", dann fügte ich noch mehrmals „sorry, sorry" hinzu. Er sah mich nur ernst an, nickte, ging zum Auto zurück und bedeutete mir einzusteigen.

Was für Gedanken ihm wohl durch den Kopf gingen? Ich glaube, keine für mich sehr schmeichelhaften. Aber viel Zeit zum Grübeln blieb nicht, denn kurz darauf näherten wir uns bereits der zweiten riesigen Burganlage, die anders angelegt war als die erste. Der Besucher konnte hier sofort ins Innere gelangen und sich in etwa die großen Säle und die anderen Räume vorstellen, wie sie früher wohl ausgesehen hatten.

Als ich ausstieg und mich umsah, erblickte ich ganz oben auf dem höchsten Punkt der Burg eine Besuchergruppe. Obwohl sie weit weg war, herrschte hier so eine ausgezeichnete Akustik, dass ich trotz der Entfernung einzelne Worte verstand, und die waren Deutsch. Ich dachte blitzschnell: Eine deutsche Führung, nichts wie hin! Ich rannte los, über schmale Stege, schiefe Treppen hinauf und durch lange Säle, bis ich oben angelangt war. „Darf ich zuhören?“, brachte ich schnaufend hervor. Es war eine kleine Gruppe aus der Schweiz mit einer Führerin, und sie erlaubten es mir „gnädigerweise“.

Ich hörte also, dass die Burg dem Stamm der Choresmer gehört hätte, die hier vom 2.–6. Jahrhundert gelebt hatten. Erst 1938 waren die Russen auf diese Ruinen gestoßen, hatten sie sehr sorgfältig ausgegraben und nun der Öffentlichkeit zugänglich gemacht. Im 2. Jahrhundert wurde dieses Gebiet von Königen beherrscht.

Die Nachfolge wurde sehr praktisch geregelt. Nach dem Tod des alten Königs versammelten sich alle Thronanwärter auf dem Hof. Nun wurde der Falke des toten Königs in die Luft geschmissen. Er stieg zuerst hoch hinauf. Dann stieß er zurück und ließ sich auf der Schulter einer der dort versammelten Männer nieder. Dieser wurde dann zum Nachfolger des Königs bestimmt.

Wie praktisch, dachte ich, keine Intrigen, kein kompliziertes Wahlsystem, sondern der Zufall bestimmt die Geschicke des Landes, oder der Falke, wenn man es so nennen will. Einer der Schweizer sagte verächtlich: „Auch Falken sind manipulierbar.“ „Wie, bitte?“, fragte die Führerin, leicht pikiert. „Ein gut verstecktes Stück Fleisch unter dem Halskragen. Jede Wette, dass der Falke das riecht und sich dort niederlässt.“ „Zu auffällig“, meinte ein anderer Mann aus der Gruppe. „Das kam garantiert sofort raus, und der Betrüger wanderte ins Gefängnis.“

Langsam begaben wir uns wieder nach unten. Durch die Säle und über die Treppen gelangten wir zu dem schmalen Steg, über den ich vor kurzem bedenkenlos gerannt war. Erst jetzt sah ich, dass es rechts und links davon sehr steil in die Tiefe ging. Mir schauderte. Die Damen der Gruppe quietschten vor Angst. Die gefährliche Strecke war ungefähr fünf Meter lang. Die Führerin ging voraus und sagte, sie sollten sich alle anfassen und vorsichtig einen Fuß vor den anderen setzen, dann würde es schon klappen. Alle taten, was sie sagte und überwanden die gefährliche Stelle mit vielen „Ahs“ und „Ohs“. Keiner stürzte in die Tiefe.

Ich war die letzte in der Reihe und hatte auch nicht erwartet, dass sich jemand um mich kümmern würde.

Ich dachte mutig: Ruhig atmen, ganz ruhig. Du schaffst das auch alleine. Bist ja vorhin schon mal darüber gelaufen. Es wird mit jedem Schritt weniger. Noch einen, noch einen – geschafft!

Als wir unten waren, schenkte ich der Führerin ein Lesezeichen und bedankte mich herzlich, dass ich hatte zuhören dürfen. Wir begaben uns zu unseren Autos, und mein Fahrer war sicherlich froh, dass ich diesmal so schnell und ohne Zwischenfall wieder aufgetaucht war.

Burg Nummer drei war nicht weit entfernt. Wie erstaunt und erfreut war ich, als ich plötzlich das Auto der Schweizer gleichzeitig mit uns auf den Parkplatz einschwenken sah. Wie selbstverständlich ging ich gleich zu ihnen hinüber und schloss mich ihrer Führung mit den Worten „Sie haben doch sicher nichts dagegen“ an. Wieder erfuhren wir viel Interessantes über die Geschichte der Burg. Am Schluss fragte ich die Führerin, ob ich ihr etwas bezahlen dürfe, aber sie winkte nur ab.

Danach blieben die Schweizer zum Mittagessen dort, aber mein Fahrer und ich fuhren gleich weiter zur Burg Nummer vier, von der ich allerdings nur vom Auto aus eine Aufnahme machte. Irgendwie war mein Bedarf an Burgen für heute gestillt, und der meines Fahrers wohl auch. Am Spätnachmittag lieferte er mich wohlbehalten an meinem Hotel ab. Die Bezahlung für den Ausflug hatte ich schon vorher an der Rezeption erledigt.

Zögernd zog ich ein Lesezeichen heraus und hielt es ihm hin. Er nahm es an, und zum ersten Mal an diesem Tag flog der Anflug eines Lächelns über sein Gesicht. Wir schieden in Freundschaft.

Für diejenigen meiner Leserinnen und Leser, die sich wie die Schweizer und ich für diese hochinteressanten Burgen in der Nähe von Urgench interessieren, füge ich die zungenbrecherischen Namen der vier Burgen, die ich besuchte, bei: „Ayaz-Qala“, „Qoy Qyrylghan Qala“, „Toprak Qala“ und „Qyzyl Qala“. („Qala“ heißt auf karakalpakisch „Burg“). Mein Ratschlag ist, auf jeden Fall einen Führer dazu zu buchen, weil es in den Reisebüchern fast keine Informationen über diese hochinteressanten Anlagen gibt.

Nachdem ich mich von diesem Ausflug im Hotel etwas erholt hatte, beschloss ich, einen letzten Rundgang durch Chiwa zu machen, denn morgen sollte es weiter Richtung Norden gehen. Was mir noch fehlte, war ein Rundgang auf der Stadtmauer, mit dem ich schon lange geliebäugelt hatte. Von unten aus hatte ich mehrmals Touristen dort oben herumlaufen sehen, doch hatte ich nirgends Stufen entdeckt, die hinaufführten. Ein junger Mann, ein Chinese, plante wohl dasselbe wie ich. Er ging vor mir her und entdeckte plötzlich eine Gelegenheit, denn kurz darauf sah ich ihn oben auf der Mauer stehen. Ich ging näher und sah ein paar in den Stein gehauene Stufen, jedoch kein Geländer.

Ich wunderte mich, wie er das geschafft hatte, als sein Kopf über mir auftauchte. Er deutete auf die Stufen und machte eine Armbewegung, dass ich Schwung nehmen sollte. Ich gehorchte: Rechts, links, und dann hatte er schon meinen Arm ergriffen und zog mich den letzten Meter hinauf. Er war wirklich stark! Er grinste, verbeugte sich leicht und ging weg.

Nun war ich oben! Der Blick über die Dächer war großartig. Wieder fiel mir die rötliche Tönung der Gebäude in der Abendsonne auf, der mich schon am ersten Tag so bezaubert hatte. Vorsichtig begann ich nun auch meine Besichtigungstour. Die Mauer war oben ca. 1,5–2 m breit, oft aber auch schmaler und leicht abschüssig. Ab und zu gab es Löcher, über die man balancieren musste. Erschwerend kam hinzu, dass es kein Geländer gab. Mir kam der Gedanke, dass es vielleicht doch keine so gute Idee gewesen war, mich von dem freundlichen Chinesen heraufziehen zu lassen, aber für solche Gedanken war es nun definitiv zu spät.

Von oben konnte ich wunderbar das Treiben der Bewohner in den Straßen beobachten. Neben einem Hauseingang entdeckte ich einen Ofen aus Stein. Ich hatte gehört, dass die Leute dort ihr Brot backten. Als ich noch schaute, öffnete sich die Tür. Zwei Frauen traten heraus. Eine trug ein großes Blech mit einem Teig, die andere bückte sich und entzündete unten in dem Ofen ein kleines Feuer. Dann wurde das Brot auf dem Blech hineingeschoben, die Ofentüren gut verschlossen, und beide Frauen verschwanden wieder im Haus. Ich hatte jeden ihrer Arbeitsvorgänge per Zoom mit meinem Fotoapparat eingefangen, ohne dass sie mich bemerkt hatten.

Sehr befriedigt, doch immer noch mit gebotener Vorsicht, setzte ich meinen Rundgang fort. Ich war ganz alleine dort oben: unter mir das Häusermeer von Chiwa, ein einmaliger Anblick. Zwar konnte ich nicht bis Buchara sehen, aber doch weit genug, um mir vorstellen zu können, was dem Erbauer des unvollendeten Minaretts vor mehr als 150 Jahren vorgeschwebt hatte.

Plötzlich stand ich vor einer hohen Wand. Sie war quer über die Mauer gebaut und unüberwindbar. Mein Rundgang war zu Ende. Wahrscheinlich war die Stadtmauer dahinter zu brüchig, um noch begehbar zu sein.

Ich schaute hinunter. Die Mauer fiel steil ab, ca. 5 m, und nirgends konnte ich Stufen entdecken. Natürlich hätte ich den ganzen Weg bis zum Aufstieg zurückgehen können, aber auch diesen konnte ich auf dem Weg nach unten ohne fremde Hilfe nicht bewältigen. Nun saß ich in der Falle! Die Abendsonne verschwand, es wurde dämmerig, und es gab allmählich weniger Leute auf den Straßen. Bald würde es dunkel werden. Ich ging weiter den Weg zurück, auf dem ich hergekommen war und überlegte fieberhaft, wie ich von hier oben wieder hinunterkommen könnte.

Da kamen mir zwei Jungens entgegen. Ebenso wie ich wurden sie von der Querwand am Weiterlaufen gehindert. Sie ließen sich nicht weit von mir auf den Boden nieder, fanden irgendwo mit ihren Füßen Halt in der Mauer und sprangen von dort auf die Erde. Im Nu war ich an derselben Stelle, von der sie abgesprungen waren, und rief flehentlich „please, hallo." Sie drehten sich um. Sie erkannten meine prekäre Situation mit einem Blick. Da oben stand eine Touristin, die ohne ihre Hilfe nicht herunterkommen konnte. Sie wechselten einen Blick des Einverständnisses und kamen zögernd zurück. Ich hockte mich hin und wiederholte „please, help me." Sie sprachen kein Englisch, bedeuteten mir aber, mich umzudrehen und mit den Füßen einen freien Spalt in der Mauer zu suchen, in dem ich Halt finden könnte. Dann müsste ich springen, und sie würden mich auffangen.

Als ich mich auf den Bauch legte, mit den Augen diese Öffnung suchte und auch fand, signalisierte ich den Jungen, dass ich verstanden hatte, drehte mich um und rutschte auf dem Bauch langsam von der Mauer hinunter, verzweifelt hoffend, dass meine Füße den Halt finden und ich nicht ungebremst abstürzen würde. Da ertastete ich das Loch. Kurz wurde ich dadurch abgebremst. Die Jungen riefen irgend etwas, und ich versuchte so etwas wie einen gezielten Absprung. Ich landete auf der Erde in ihren Armen, denn sie hatten meinen Fall gekonnt abgebremst. Sie lachten und halfen mir auf, und ehe ich reagieren konnte, waren sie in der einbrechenden Dunkelheit verschwunden. Ich befühlte meine Glieder: Alles war heil. Auch mein kleiner Tagesrucksack hatte den Fall gut überlebt. Ich schaute nach oben. Von so weit war ich heruntergesprungen? Ohne die Hilfe der Jungen hätte ich das nie geschafft! Und ich hatte mich noch nicht mal bei ihnen bedankt!

Als ich langsam zum Hotel zurückging, dachte ich: Heute hatte mein Schutzengel eine Menge zu tun. Beim Abendessen saß ich neben einer Gruppe von Deutschen, die sich wunderten, dass ich in der Dunkelheit noch draußen gewesen war. Sie erzählten von einer Bekannten, die vergessen hatte, dass vor den oft gestohlenen Gullydeckeln auf den Straßen gewarnt worden war. „Bürgersteige in unserem Sinn gibt es ja sowieso nicht“, meinten sie, „auch keine Straßenbeleuchtung. Und wenn man dann nicht aufpasst und in so ein tiefes Loch hineinstolpert …“. Jedenfalls hatte die arme Frau aus ihrer Gruppe sich dabei den Fuß gebrochen, wodurch der Urlaub natürlich gelaufen war. Ich nickte nur und dachte, dass ich heute mindestens genauso gefährliche Situationen überstanden hatte und nahm mir vor, in Zukunft weniger impulsiv zu handeln, um derartigem Unheil wie heute aus dem Weg zu gehen. Wenigstens haben dich heute keine Katzen erschreckt, dachte ich, und das war mein letzter tröstlicher Gedanke, ehe ich einschlief.

Mit vielen Dankesworten und natürlich einem Lesezeichen verabschiedete ich mich von Jasur. Er hatte so viel für mich organisiert und war so freundlich gewesen, dass ich gar nicht aufhören konnte, ihm die Hand zu schütteln. Der Plan war, dass mein neuer Taxifahrer mich heute zum Aral-See bringen würde und dann auf dem Rückweg nach Nukus, wo ein Zimmer für mich reserviert war.

Alles klappte bestens. Mein neuer Fahrer stellte sich als Maxum vor. Er sprach ein bisschen Englisch und ich erfuhr, dass er 55 Jahre alt sei, genauso alt wie seine Frau, dass er vier Kinder und vier Enkel hätte. Er fragte nach meinem Mann. Als ich sagte, dass er gestorben sei, bekreuzigte er sich. Gegen Mittag machten wir an einem Restaurant an der Straße Halt. Es gab Suppe, Brot und Tee. Die Gegend wurde immer einsamer. Rechts und links gab es Steppe, ab und zu Kamele, verdorrtes Gras, kaum Verkehr.

Aral-See

Die letzte Stadt hier in Karakalpakstan heißt Moynak. Sie hat noch 8.000 Einwohner und ist offensichtlich eine sterbende Stadt. Die Hauptstraße führte an einigen Wohnblöcken und Geschäften vorbei. Dann endete sie abrupt. Wir stiegen aus. Maxum ging voran und deutete auf eine weite Ebene, wo sumpfiges Gras stand, und in der Mitte lag tatsächlich das völlig verrostete berühmte Schiffswrack, das jeder kennt, der sich mit dem Zurückweichen des Aral-Sees beschäftigt hat.

Maxum setzte sich ins Auto und überließ mich meinen düsteren Gedanken. Ich machte ein paar Fotos von dem Wrack und dem Gras drumherum. Früher war Moynak eine blühende Fischerstadt am Ufer des Sees gewesen. Der breite Fluss Armu-Darya, der damals in ihn mündete und ihn mit frischem Wasser versorgte, wurde jedoch im Laufe der Jahre immer mehr für die Bewässerung der vielen Baumwollfelder im Hinterland benutzt, so dass am Schluss nicht mehr genug Wasser für den See übrig blieb. Das Schiffswrack im Grünen ging seinerzeit in der Zeitschrift „National Geographic" um die Welt.

Ich kehrte zum Auto zurück und bat Maxum, das Aral-See-Museum zu suchen, da im Reiseführer stand, dass dort gut die Entwicklung des Sees zum Land beschrieben würde. Doch es war geschlossen, und ich merkte Maxums Unruhe. Er musste mich ja noch die 210 km zurück bis Nukus bringen, und dann noch 170 km zurück nach Chiwa zu Frau und Kindern fahren.

Also sagte ich „Nukus Hotel" und stieg wieder ein. Die Erleichterung über die sofortige Rückfahrt war ihm deutlich anzusehen. Wahrscheinlich hatte er es von Anfang an als Zeitverschwendung empfunden, für den Anblick eines Schiffswracks so viele Kilometer zurückzulegen, aber von Touristen war er sicher so einiges gewohnt.

Nukus

Die Franzosen im Jurtecamp hatten erzählt, dass in Nukus hauptsächlich Russisch gesprochen werde und auch alles Russisch wirke. Usbekistan war ja 1867 russisches Generalgouvernement geworden und gehörte seit der Zeit nach dem 1. Weltkrieg offiziell zur Sowjetunion.

Erst 1991 hatte es seine Selbständigkeit erlangt, war aber weit davon entfernt, ein demokratisch geführter Staat zu sein. In meinem Reiseführer stand, dass dies eine ruhige Stadt mit 230.000 Einwohnern sei. Ich dagegen fand den Verkehr, als wir uns der Stadt näherten, um mich herum ausgesprochen hektisch und laut.

Als wir an einer Ampel hielten, öffnete ein Mann plötzlich die Vordertür, nahm neben Maxum Platz und sagte ein paar Worte, die ich nicht verstand. Ich fand sein Verhalten jedoch ausgesprochen seltsam, wenn nicht sogar unverschämt. Er zündete sich eine Zigarette an und tat so, als wäre dies sein Auto. Maxum fuhr unbeeindruckt weiter. Nach ein paar hundert Metern deutete der Fremde auf ein Hotel und stieg aus, ohne mich eines einzigen Blickes zu würdigen.

Maxum fuhr auf den Hotelparkplatz, holte mein Gepäck aus dem Kofferraum und trug es mir zur Rezeption in der Halle. Dort herrschte dichtes Gedränge von gerade ankommenden Gästen. Ich wusste, dass Maxum schnell nach Chiwa zurückfahren wollte, da es bald dunkel sein würde. Und dann ist es wegen der vielen Schlaglöcher wirklich sehr gefährlich, unterwegs zu sein. Ich bedeutete ihm, mich alleine zu lassen und loszufahren. Das Einchecken würde ich schon auch ohne seine Hilfe schaffen.

Als er verstanden hatte, was ich meinte, strahlte er über das ganze Gesicht und nahm mich kurz in den Arm, was für einen Usbeken ungewöhnlich ist. Um ihn nicht weiter aufzuhalten, verschonte ich ihn mit einem Lesezeichen, und wirklich verschwand er sofort, so schnell er nur konnte. Die kurze Episode mit dem fremden Mann im Auto blieb ungeklärt. Ich denke, es war ein mit Sicherheit auch für Maxum unbekannter Russe gewesen, der sich die Freiheiten früherer Besatzer herausgenommen hatte und ein paar hundert Meter hatte chauffiert werden wollen. Was für ein unangenehmes Ereignis!

Als ich endlich mit dem Einchecken an der Reihe war, zeigte mir der junge, sehr arrogant wirkende Angestellte mein Zimmer. Es war ebenerdig, was für das Schleppen meines Gepäcks günstig war, denn der junge Mann dachte gar nicht daran, mir dabei zu helfen. Als er die Tür öffnete und mein enttäuschtes Gesicht im Anblick des schäbigen, unsauber wirkenden Zimmers sah, sagte er hochmütig: „We are fully booked out. Take it or leave it." Ich glaubte ihm nicht, dass er ausgebucht sei, da der Riesenkasten von außen so aussah, als ob er mindestens 500 Betten hätte, aber es war ja nur für zwei Nächte. Irgendwie würde ich die hier schon überstehen, dachte ich. Also buchte ich und zahlte.

Bei einem abendlichen Bummel durch die Stadt verschaffte ich mir einen ersten Überblick und prägte mir schon mal den Weg zum Sawitzky-Museum ein. Das

Stadtzentrum mit riesigen Wohnblocks, dreckigen Straßen und viel Graffiti an den Wänden gefiel mir allerdings überhaupt nicht. Im Hotel gab es ein Restaurant, wo ich etwas zu mir nahm, und im Keller war sogar ein Internetcafé, in dem ich meine Emails checken konnte.

Bald zog ich mich in mein Zimmer zurück, ging zu Bett, las noch ein bisschen, löschte dann das Licht und versuchte zu schlafen. Im selben Augenblick setzte ein lautes Summen von zahllosen Moskitos ein, die versuchten, sich an meinem Blut zu laben. Ich holte meine Taschenlampe hervor, um sie mit der Fliegenklatsche, die grundsätzlich zu meinem Reisegepäck dazugehört, zu erschlagen, aber es waren zu viele. Also schaltete ich das Licht wieder an und versuchte, dem Übel auf den Grund zu gehen. Ich entdeckte in dem Fliegengitter vor dem Fenster mehrere Löcher und darin ein eifriges Gewusel von ein- und ausfliegenden Moskitos. Wie sollte ich in deren Gesellschaft die Nacht heil überstehen?

Ich ging ins Badezimmer und überlegte, ob ich die Badewanne als Bett umfunktionieren sollte, aber sie war rostig und dreckig, und das kleine Fenster darüber schien auch nicht dicht zu sein. Seufzend kehrte ich in mein Zimmer zurück. Das Fliegengitter zu reparieren schien auch nicht möglich. Also ließ ich das Licht die ganze Nacht brennen, nahm eine mehr oder minder sitzende Position im Bett ein und schlug regelmäßig mit der Fliegenklatsche um mich. Meine nackten Arme bedeckte ich trotz der Hitze im Zimmer mit einer langärmeligen Bluse. Dabei versuchte ich, die Nacht mit Lesen etwas zu versüßen, um diese verzweifelte Situation und die sich träge dahinschleppende Zeit mit den zahllosen mich umschwärmenden Tieren einigermaßen erträglich zu überleben.

Gegen 6 Uhr, als es anfing zu dämmern, zogen sich die Heerscharen der Moskitos zurück. Ich fiel, immer noch sitzend, für eine ganze gesegnete Stunde in einen Tiefschlaf. Um 7 Uhr wachte ich wieder auf. Nach der Morgentoilette packte ich sofort alle meine Sachen zusammen, da ich nicht vorhatte, hier noch eine weitere Nacht zu verbringen. Im Frühstücksraum saßen trotz der frühen Stunde schon viele andere Hotelgäste. Ich bekam von einer sehr unfreundlichen Bedienung Brot, Tee, zwei Spiegeleier und ein Würstchen serviert. Weder eine Serviette noch ein Messer gehörten zum Service dazu. Ich versuchte, beides auf Englisch zu bestellen, doch die Bedienung schaltete auf stur, obwohl ich ihr mimisch zeigte, dass ich „schneiden" meinte.

Das usbekische Wort für „Messer", „pitschoq", fiel mir erst später wieder ein, als ich es nicht mehr brauchte. Dagegen hätte ich ihr alle meine sieben Kraftausdrücke, die sich mir besser eingeprägt hatten, an den Kopf werfen können. Aber ich dachte seufzend: Was soll's. Gleich bist du hier sowieso weg. Man kann ein Würstchen auch auf die Gabel spießen und davon abbeißen. Auf gute Tischmanieren wird in diesem Loch garantiert nicht geachtet.

Und dann kam die spannende Mutprobe an der Rezeption, da ich kündigen und mein Geld für die schon bezahlte folgende Nacht zurückhaben wollte. „What is the problem?", fragte derselbe arrogante junge Mann von gestern, ausnahmsweise mal freundlich. Ich erwiderte, dass das Moskitonetz vor dem Fenster kaputt sei und ich in der Nacht kein Auge zugetan hätte, keine weitere Nacht in seinem Hotel verbringen und das bereits bezahlte Geld zurückhaben wolle. Er zuckte die Schultern und meinte, dass ich in Nukus kein weiteres freies Bett finden würde, aber es sei meine Entscheidung. Leider könne er nicht wechseln. Damit gab er mir 24 statt 36 Dollar zurück.

„But I've got change", antwortete ich triumphierend und holte aus meiner Bauchtasche die erforderlichen Dollarnoten heraus. Zwar hatte ich mir geschworen, nie in der Öffentlichkeit zu zeigen, dass ich eine Bauchtasche mit Geld mit mir herumschleppte, aber dies war eine Ausnahme. Außerdem wurde sie durch den hohen Tresen an der Anmeldung auch recht gut vor neugierigen Augen verdeckt. Völlig verdattert starrte der junge Mann auf mein Wechselgeld, das er nicht erwartet hatte. So bekam ich meine noch fehlenden Dollar, ergriff mein Gepäck und verließ hoch erhobenen Hauptes diese ungastliche Stätte.

Zufällig stand gerade ein Taxi am Eingang. Der Fahrer fragte auf Englisch, wohin ich wolle. Ich sagte: „Where there are no moskitoes."

Er fuhr trotz dieser vagen Ortsangabe los, denn er merkte, dass ich wirklich weg wollte. Im Auto holte ich meinen Reiseführer heraus und gab die Adresse eines anderen Hotels in Nukus, das ich dort fand, an.

Wie ich fast schon befürchtet hatte, war es ausgebucht. Hier würde gerade ein Kongress stattfinden, weshalb es unmöglich sei, ein freies Zimmer zu finden, meinten die sehr netten Damen an der Rezeption. Mitleidig betrachteten sie mich, da mir die durchwachte Nacht nur zu deutlich anzusehen war, dazu meinen großen Rucksack und mein Kofferfahrgestell mit den Reisetaschen.

Ich schilderte ihnen die schreckliche Nacht und den Dreck im „Nukus"-Hotel und sagte, dass ich morgen mit dem Zug nach Taschkent fahren würde. Sie erbarmten sich meiner und begannen zu telefonieren. Und das Wunder geschah: Ein Motel, zehn Autominuten von hier entfernt, würde mich für eine Nacht unterbringen. Es sei ganz neu und sauber.

Ich bedankte mich vielmals und kam gleich mit meiner nächsten Bitte: ob ich wohl mein Gepäck bis zum Nachmittag hierlassen könne, da ich das berühmte Museum besuchen wolle und noch ein paar Einkäufe tätigen müsse. Auch das wurde mir zugestanden, und so verstaute ich alle meine Habseligkeiten glücklich in einer Ecke unter einer Treppe, wo sie nicht im Weg waren, ließ mir den Weg zum Museum erklären und machte mich sehr beschwingt und erleichtert auf den Weg zu neuen Abenteuern.

Wie die Franzosen im Jurtecamp schon gesagt hatten, war das Sawitzky-Museum wirklich einen Besuch wert: nicht billig mit 7 Dollar Eintritt, aber auf drei Etagen mit Werken aus der Zeit von 1920–1960 sehr gut ausgestattet. Ich nahm mir viel Zeit und ließ kein einziges der zahllosen Zimmer aus. Manche allerdings waren dunkel und blieben auch dunkel. Das lag wohl weniger am Bewegungsmelder als an defekten Birnen.

In so einem berühmten Museum dürfte das nicht passieren, dachte ich, aber Nukus scheint irgendwie sowieso den Anschluss an das 21. Jahrhundert verpasst zu haben. Hier liegt noch so einiges im Argen.

Es gab nicht viele Besucher, aber zwei Damen hatte ich heute früh im Frühstücksraum meines Hotels gesehen. Ich blieb stehen, begrüßte sie und fragte, ob sie auch so viele Moskitos in ihrem Zimmer gehabt hätten. Sie winkten nur müde ab und erzählten, dass sie dasselbe Problem in Turkmenistan gehabt und sich deshalb schon früher eine Duftlampe gegen diese Plagegeister gekauft hätten. Wenn man diese anzündete, könne man in Ruhe schlafen. Aber sie fänden das Hotel auch furchtbar und hätten überall herumtelefoniert, doch leider keine andere Unterkunft gefunden.

Sie hätten es sogar bei einem Motel etwas auswärts versucht, aber auch vergeblich. Ich sagte nicht, dass das meine Adresse für die nächste Nacht wäre, und dachte nur, dass es manchmal doch leichter sei, als Einzelperson zu reisen. Ein Bett ist oft leichter zu bekommen als zwei. Wir verabschiedeten uns und widmeten uns wieder der Kunst.

Igor Sawitzky, der dieses Museum gegründet hatte, wurde 1915 in Moskau geboren und war als Mitglied einer archäologischen Gesellschaft wegen der Ausgrabungen der Burgen der Choresmer als Expeditionszeichner in diese Gegend gekommen.

Als ich dies alles in seinem Lebenslauf im Museum las, erinnerte ich mich sofort an die Erklärungen der Führerin auf der Burg mit den Schweizern, die uns von der frühen Epoche der Choresmer erzählt hatte und den Ausgrabungen durch die Russen. Dabei hatte Sawitzky offenbar seine Liebe zu dieser Region entdeckt und war nach Nukus gezogen. Er begann selbst zu malen.

Vor allem seine Chiwa-Bilder wurden berühmt und waren hier auch teilweise ausgestellt. Er wurde reich und begann, Bilder zeitgenössischer Maler aufzukaufen und zu sammeln. Es gelang ihm auch, zahlreiche Werke von unter Stalin verfolgten Künstlern zu erwerben und sie hier in Sicherheit zu bringen. Er starb 1984 als Ehrenbürger dieser Stadt.

Ich hielt mich lange in diesem Museum auf und nahm mir vor, mich nach meiner Rückkehr zu Hause eingehender mit dieser interessanten Epoche zu beschäftigen.

Wahrscheinlich liegt das Motel für die nächste Nacht ziemlich einsam auf dem Lande, dachte ich, sieh zu, dass du nicht zu früh dorthin fährst, weil es da bestimmt nichts Besonderes zu sehen gibt.

Also machte ich mich nach dem Museumsbesuch erstmal auf, den laut Reiseführer berühmten, sehr großen Basar zu besuchen. Wie üblich, wurde ich dort immer wieder angesprochen, ob ich nicht Geld wechseln wolle. In der Tat hatte ich fast keine Som mehr, aber normalerweise wechselte man auf der Bank, im Hotel oder bei Privatpersonen, die man kannte. „Niemals auf der Straße wechseln", hatte man mir immer wieder eingeschärft, „denn entweder sind es Betrüger, oder es ist die Geheimpolizei. Beides ist gleich schlimm." Also verschob ich das Problem des Geldwechselns auf den nächsten Tag.

Zur Tradition auf meinen Reisen gehört es unter anderem, dass ich mindestens einmal ausprobiere, wie es ist, dort zum Friseur zu gehen, denn die Gepflogenheiten sind ja in jedem Land anders. Voll Freude denke ich immer noch an meinen Friseurbesuch in Shanghai zurück, wo ich völlig unerwartet neben dem Haarewaschen noch eine äußerst angenehme Kopf-, Hals-, Arm- und Oberkörpermassage dazu geliefert bekam.

Hier auf dem Basar boten die Friseure die Behandlung in einem Zelt an. Als ich eintrat, lachten bei meinem Anblick alle laut auf. Ich weiß nicht, warum – vielleicht aus Verlegenheit? Ich zeigte auf meine Haare und machte die Bewegung des Waschens. Sie nickten, nahmen mir Rucksack und Brille ab und nötigten mich, mich vor ein Becken zu stellen und den Kopf darüber zu halten. Eines der jungen Mädchen wusch dann meine Haare, während ein anderes ab und zu warmes Wasser darüber goss. (In Indonesien hatte ich dieselbe Prozedur mit kaltem Wasser erlebt.) Beim Föhnen durfte ich dann sitzen. Einen Haarfestiger gab es nicht, aber hinterher viel Spray. Wie in Usbekistan üblich, wurden die Haare hinten zusammengedreht und mit einer Spange befestigt. Ich fühlte mich fast ein bisschen „usbekisch", als ich nach der Behandlung das Zelt sehr zufrieden wieder verließ.

Nach einer guten Suppe mit nahrhafter Einlage, Brot und Tee holte ich am Spätnachmittag mein Gepäck ab, bedankte mich mit freudig angenommenen Lesezeichen für dessen Aufbewahrung und bat die Damen, mir ein Taxi zu bestellen. Wie erwartet, war das Motel ein großes, einsames Haus an der Straße, neu und noch von einem Gerüst umgeben.

Die freundliche Dame an der Rezeption sagte auf Englisch, dass sie noch keine offiziellen Gäste annehmen würden, bei mir aber eine Ausnahme gemacht hätten. Einige Zimmer seien nämlich schon fertig. Sie führte mich dorthin: Es war geräumig, sauber, hell und mit intakten Fliegengittern ausgestattet. Ich bedankte mich vielmals und ging bald schlafen, da sich die Defizite der letzten Nacht allmählich bemerkbar machten. Was für eine Wohltat diese saubere und moskitofreie Unterkunft doch war!

Am nächsten Morgen wurde ich schon um 7 Uhr von Baulärm direkt vor meinem Fenster geweckt. Zuerst wusste ich gar nicht, wo ich mich befand, aber dann fiel mir alles wieder ein: Nukus – Sawitzky – Moskitos – doch bei dem Lärm draußen lohnte es sich nicht, weiter zu schlafen. Ich ging ins Bad und drehte den Wasserhahn auf. Es kam aber nur ein gurgelndes Geräusch heraus! Auch das noch, dachte ich, in letzter Zeit geht aber wirklich so einiges schief. Ein paar Tropfen hatte ich noch in meiner Trinkflasche, was gerade für Gesicht und Hände reichte.

Da klopfte es. Draußen stand eine junge Frau mit einem Eimer voll warmen Wassers, den sie mir wortlos reichte. Ich bedankte mich freudig und setzte meine Morgentoilette ausführlicher fort. Kurz darauf klopfte es ein zweites Mal. Wiederum wortlos reichte mir dieselbe junge Frau ein Tablett mit einem guten Frühstück herein.

Ich ließ mir alles schmecken und überlegte, wie ich den Tag heute gestalten wollte. Irgendwann musste ich Geld wechseln. Zum Schlendern und Geschäfte angucken lud Nukus nicht ein, das hatte ich gestern schon gemerkt. Besser wäre es, mit dem Taxi gleich zum Bahnhof zu fahren, obwohl mein Zug erst gegen 15 Uhr abfahren würde. Ich musste auch für Essen und Trinken sorgen, da ich bis Taschkent ungefähr 16 Stunden unterwegs sein würde. Und dann sollte es ja gleich, wie mit Jasur besprochen, per Taxi weiter ins Fergana-Tal gehen.

Ich dachte: Ich habe einfach mal beschlossen, dass es dort nicht gefährlich ist. Ich habe nichts vorgebucht und kann jederzeit meine Pläne ändern, sollte eine Situation bedrohlich werden. Die Terroranschläge, die es dort gegeben hatte, liegen doch auch schon ein paar Jahre zurück.

So beruhigte ich meine warnende innere Stimme. Wie hätte ich an dem Tag auch ahnen können, dass sich nach dem Besuch des Fergana-Tals die Geheimpolizei für mich zu interessieren begann? Dass ich beschattet wurde und zweimal kurz vor einer Verhaftung stand? Diese Entwicklung war damals nicht vorhersehbar und ist mir bis heute ein Rätsel geblieben.

Ich packte in Nukus also meine Sachen zusammen, zahlte an der Rezeption und bat die Dame dort, mir ein Taxi zum Bahnhof zu bestellen. Und ob sie wüsste, wo ich Dollar in Som wechseln könne. Sie nickte und sagte: „Taxidriver. Wait outside, please."

Ich schleppte also mein Gepäck nach draußen auf den Parkplatz. Nach kurzer Wartezeit kam ein junger, sehr forsch aussehender Taxifahrer angefahren. Er lud alles ein, fuhr los und fragte: „Dollar change?" Ich nickte. Er fragte: „One hundred?"

Ich schüttelte den Kopf und sagte: „Fifty". Er telefonierte beim Fahren und nickte mir dann zu. Offenbar hatte er eine günstige Tauschadresse gefunden.

Da fiel mir viel zu spät siedend heiß ein, dass ich vergessen hatte, unbeobachtet Geld aus meiner Bauchtasche zu holen! Da musste ich nun durch. Ich hob mein T-Shirt an und nestelte an den Hosenknöpfen herum. Da ich vorne neben dem Fahrer saß, entgingen ihm keine meiner Bewegungen. Als ich dann den Reißverschluss der Geld-Bauchtasche aufzog und er die Dollarscheine darin erblickte, pfiff er durch die Zähne und sah mich entsetzt an. Ich holte eilig 50 Dollar heraus und verdeckte alles wieder so gut wie möglich.

„No good, no good", sagte er immer wieder und deutete auf meinen Bauch. Ich erwiderte „yes, yes" und hätte mich ohrfeigen können, dass ich nicht vorher daran gedacht hatte, das Geld herauszunehmen.

Kurz darauf fuhren wir in die Auffahrt eines unauffälligen Einfamilienhauses mitten in einer Siedlung. Ich gab dem Fahrer die 50 Dollar, und er verschwand im Haus. Es folgten sehr bange Minuten des Wartens für mich. Wenn er kriminell veranlagt war, war es durchaus möglich, dass er mich überfallen oder sogar töten würde, denn von den 3.000 Dollar, die ich zu Hause eingepackt hatte, waren noch ziemlich viele da, und das hatte er mit einem Blick gesehen.

Es wurden schon viele Menschen wegen weniger Geld umgebracht, und sicher gab es keine Usbeken, die nicht über 1.000 Dollar mehr in der Tasche zufrieden gewesen wären.

Was könnte ich tun, wenn er handgreiflich werden würde? Ich war wie gelähmt und konnte keinen vernünftigen Gedanken fassen. Als er nach ungefähr 10 MInuten endlich aus dem Haus trat, hatte er ein dickes Bündel Som-Geldscheine in der Hand. Im Auto gab er sie mir und sagte: „Count, now." Er wollte, dass ich die 95.000 Som jetzt zählte? Wozu? Ich schüttelte den Kopf und sagte: „Station", aber er blieb stur und sagte noch energischer: „Count!"

Ich war überzeugt, dass er mich nur hinhalten wollte und im nächsten Augenblick zuschlagen würde. Aber was sollte ich anderes tun? Also begann ich zu zählen und zu zählen, wobei ich ihn immer aus den Augenwinkeln beobachtete.

Endlich sagte ich „okay", obwohl ich keine Ahnung hatte, wie weit ich inzwischen gekommen war. Er schien aber zufrieden zu sein und fuhr los. Während ich die Som in meinem Rucksack verstaute, dachte ich: Solange er fährt, bin ich in Sicherheit.

Der Bahnhof in Nukus ist ein großes, tristes Gebäude. Mein Fahrer lud das Gepäck davor aus und nannte den Fahrpreis. Ich zählte die vielen Som-Scheine ab und schenkte ihm außerdem ein Lesezeichen dafür, dass er mich am Leben gelassen hatte. Er bedankte sich und fügte sehr streng hinzu: „No good, no good", während er auf meinen Bauch zeigte. Ich nickte und dachte: Das war knapp! Und diesmal war es nicht das Baumwollölvirus, auf das ich mich bezog.

Obwohl es noch vormittags war und der Zug nach Taschkent erst nachmittags abfahren würde, wimmelte es in der Halle von Menschen. Ich suchte mir eine strategisch günstige Stelle, von der aus ich alles gut überblicken konnte. Ich beobachtete, dass viele Reisende sich Brot, Cola und Bananen von einem nahen Kiosk für die Reise besorgten. Also bat ich eine vertrauensvoll aussehende Familie in meiner Nähe, kurz auf mein Gepäck aufzupassen und kaufte auch Brot, Cola und Bananen. Dann vergewisserte ich mich, dass meine Nachbarn ebenfalls nach Taschkent fahren wollten, so dass ich wusste, wann ich wie sie zum Bahnsteig gehen musste.

Vorsorglich lernte ich die im Augenblick für mich wichtigsten Zahlen auswendig: Wagen 9, Platz 3, meine Reservierung. Dann vertiefte ich mich in meine spannende englische Krimilektüre von Ruth Rendell, so dass die Zeit bis zur Abfahrt wie im Flug verging.

Als meine Nachbarn sich erhoben, folgte ich ihnen zum Bahnsteig, wo gerade langsam und majestätisch der Zug einfuhr. Alle Reisenden gingen nebenher, als könnten sie es nicht erwarten, einzusteigen. Auch als der Zug mehrmals vor- und zurückrangierte, machten alle seine Richtungswechsel mit, was ich recht komisch fand: Es sah aus wie eine einstudierte Choreographie, war aber wohl nur der Ausdruck der Unruhe dieser Menschen, für die das Bahnfahren noch etwas Besonderes war.

Als er endlich stand, stürzten alle sofort auf die Türen zu. Ich wartete noch ein bisschen und suchte dann auch meinen Wagen und meinen Platz. Die Mitreisenden waren alle sehr freundlich und halfen mir beim Einsteigen und beim Verstauen des Gepäcks. Mein Platz war ein Bett, auf dem eine aufgerollte Matratze, Bettzeug und ein Handtuch lagen. In unserem Viererabteil waren noch ein junger Mann und zwei Frauen untergebracht, alle aus Kasachstan, die über Taschkent weiter in ihre Heimat fahren wollten.

Unser Versuch, uns zu unterhalten, woher, wohin, gelang nur mäßig, denn die Sprachbarrieren waren doch recht hoch. Was mir aber sehr wichtig war: Die Toilette war nicht weit weg, war sauber und hatte sogar fließendes Wasser.

Ich hatte mit meinem Abteil unwahrscheinliches Glück, weil direkt gegenüber unserer Tür auf dem Gang ein Fenster war, das sich öffnen ließ.

So hatten wir durch unser eigenes offenes Fenster und die geöffnete Tür zum Gang hin die ganze Nacht angenehme frische Luft, während die anderen Reisenden bei stickiger Luft und Temperaturen bis zu 40 Grad in ihren Abteilen sehr zu leiden hatten.

Allerdings hätten Taschendiebe es bei unserer geöffneten Tür in der Nacht leichter gehabt als bei den geschlossenen Abteilen, aber es passierte zum Glück nichts. Das gleichmäßige Rattern des Zuges, das schon immer beruhigend auf mich gewirkt hatte, die stetige leichte Brise und das Gefühl, hier sicher aufgehoben zu sein, da niemand von meiner Bauchtasche wusste, bescherten mir eine relativ erholsame Nacht.

Am nächsten Morgen klappte alles andere ebenso: Morgentoilette, Frühstück mit Brot, Cola und Bananen, hinausschauen, ein bisschen Small Talk machen, lesen, ein paar Fotos schießen, wieder hinausschauen – gegen 14.30 Uhr kamen wir dann in Taschkent an.

Kokand

Nun wurde es spannend für mich: Da ich noch am selben Tag weiterreisen wollte, musste ich zusehen, dass ich schnell ein Taxi zu dem Platz bekam, von dem die Fahrten ins Fergana-Tal starteten. Dieser Platz hieß Ippodrom, wie mir Jasur in Chiwa noch gesagt hatte. Wieder hatte ich Glück, denn der Taxifahrer verstand, wohin ich wollte, und das Ippodrom war nicht zu weit vom Bahnhof entfernt.

Ich befand mich auf einem großen Platz mit vielen Taxen und zahllosen laut diskutierenden Menschen. Ich fragte einen Fahrer, der schon am Steuer saß: „Kokand?“ Er nickte. Als ich mein Glück kaum fassten konnte und mein Gepäck einladen wollte, hielt mich ein anderer Mann fest und sagte empört „Tola!“ („Voll!“). Ich ging wieder zu dem Fahrer am Steuer und fragte wieder „Kokand, qajärda?“ („Kokand, wo?“).

Diesmal deutete er auf das vor ihm stehende Auto. Wieder versuchte ich mein Glück, und diesmal klappte es. Zwei Männer, ein junges Mädchen und ich würden die Fahrgäste sein. Wir verhandelten den Fahrpreis bis Kokand, verstauten unser Gepäck, was mit meinem großen Rucksack wie immer problematisch war, und dann ging es auch schon los. Seit der Ankunft in Taschkent auf dem Bahnhof war nicht mehr als eine halbe Stunde vergangen. Zufrieden ließ ich mich in die Polster zurücksinken und fand, dass ich sehr gut im Zeitplan lag.

Die Stadt Kokand hatte ich mehr oder minder zufällig als Ziel ausgesucht. Sie liegt am Eingang des Fergana-Tals, hat laut Reiseführer mehrere Sehenswürdigkeiten aufzuweisen und mit 200.000 Einwohnern sicher auch genug Hotels, wo ich unterkommen konnte. Die Landschaft um mich herum wurde immer gebirgiger. Auf meiner Karte sah ich, dass wir in das Chatkal-Gebirge hineinfuhren. Wir befanden uns auf einer relativ gut ausgebauten vierspurigen Autobahn, die allerdings auch sehr befahren war.

Und dann kam, was kommen musste: Stau auf der ganzen Linie! Im Nu bildete sich ein unübersehbarer Haufen kreuz und quer stehender Autos. Viele Fahrer und Reisende stiegen aus, mich eingeschlossen, um die Lage zu diskutieren. Auffallend war, dass auch aus der Gegenrichtung niemand mehr kam. Irgendwann sickerte dann die Nachricht durch, dass es weit vorne eine Sprengung in den Bergen gegeben hätte.

Musste das unbedingt in der Mitte der Woche am Nachmittag durchgezogen werden, wenn so viele Leute unterwegs sind? Aber irgendwie ist es auch typisch für Usbekistan – einem Mann mit Einfluss passt es gerade jetzt, und dann haben sich alle anderen gefälligst danach zu richten. Dabei dachte ich an den Beamten in Samarkand, der erst noch ins Stadion ging, ehe er spätabends einwilligte, seine Unterschrift unter meinen Antrag zu setzen. Hier war es vielleicht ähnlich gewesen, und die Bevölkerung konnte nichts dagegen tun.

Diese Gedanken behielt ich natürlich für mich. Als ich als einzige Frau ausstieg, um mir einen Überblick zu verschaffen, war ich bald von einem dichten Kreis von Männern umringt, die alle wissen wollten, was ich hier zu suchen hätte. Ich gab ein bisschen mit meinen usbekischen Sprachkenntnissen an, was ihre Herzen eroberte, aber sie sprachen alle auch gut Englisch, was die Sache vereinfachte und sie freuten sich, dass ich ihr Land lobte. Ein junger Journalist aus Fergana gab mir seine Karte und meinte, ich müsse ihn dort unbedingt besuchen. Ich versprach nichts, und irgendwann löste der Stau sich auch wieder auf.

Dann wurde es plötzlich doch ernst: wir kamen zu einem Kontrollpunkt mit bewaffneten Soldaten, die nichts mit der örtlichen Polizei zu tun hatten. Ich wurde als einzige aus dem Auto herausgewinkt und zu einer Baracke gebracht. Dort saß ein finster aussehender Mann in Uniform, der barsch nach meinem Pass fragte.

Er notierte alle meine persönlichen Daten und ließ seinen Adjutanten im Computer nachschauen, ob ich auf der Fahndungsliste stand. Zum Glück wollte er nicht wissen, wo ich heute absteigen wollte, da ich das ja noch nicht mal selbst wusste. Das wäre aber in seinen Augen bestimmt verdächtig gewesen. Er sagte nur: „Flight back

Tuesday 6th of October." Ich nickte. In weniger als einer Woche. Das Herz wurde mir schwer.

Als wir uns Kokand näherten, fragte der Fahrer mich, wo ich aussteigen wolle. Ich sagte leichthin,:„Any hotel in the centre of the town" und merkte gleichzeitig mit Schrecken, dass wir nun ein Problem hatten. Durch die Sprengung hatten wir viel Zeit verloren, und alle wollten nun so schnell wie möglich nach Hause. Niemand aber hatte Lust, für eine Ausländerin von Hotel zu Hotel zu fahren und ein Zimmer zu suchen.

Am Schluss waren nur noch der Fahrer, ein zweiter Fahrgast und ich übrig. Es stellte sich heraus, dass viele Hotels keine Genehmigung hatten, Ausländer aufzunehmen. Von dieser Regelung hatte ich vorher noch nie etwas gehört. Andere waren ausgebucht. Die beiden Männer wurden zunehmend nervöser und mein schlechtes Gewissen wuchs, weil ich ihnen so große Umstände machte.

Endlich hielten wir vor einem Prachtbau von Hotel, wo allerdings auch etwas nicht stimmte. Aber beide Männer hatten nun offenbar beschlossen, dass es ihnen allmählich mit der Zimmersuche reichte. Sie hievten mein Gepäck aus dem Auto und sagten zu mir, dass ich hier unterkommen könne und es sicher auch alleine schaffen würde, mit der fehlenden Lizenz für Ausländer zurechtzukommen. Sie klopften mir aufmunternd auf die Schulter und fuhren eiligst davon.

Der Prachtbau von außen war auch prächtig von innen: Überall gab es Samt und Gold und dicke Teppiche. Das Zimmer, das man mir zeigte, war fast so groß wie eine

Suite, aber irgend etwas stimmte nicht. Es gab nur zwei Bedienstete, eine ältere und eine junge Frau, die beide Englisch sprachen.

Wie ich schon ahnte, durften sie keine Ausländer beherbergen, würden aber bei Freunden versuchen, die nötige Lizenz für mich zu bekommen, ohne dass ich ihr Haus noch einmal verlassen müsste.

Es folgten hitzige Diskussionen am Telefon, die offenbar kein gutes Ende nahmen. Inzwischen war es draußen dunkel geworden. Endlich fragte mich die jüngere Frau, ob ich es riskieren wolle, hier ohne eine offizielle Bestätigung trotzdem zu übernachten.

Ich dachte an die inoffizielle Jurtennacht und alle die anderen inzwischen angehäuften Belege, die ich irgendwo gesammelt hatte. Ich nahm diese Vorschrift immer noch auf die leichte Schulter und sagte sofort zu. Die Benutzung der Suite war herrlich, besonders im Kontrast zu dem spartanischen Bett letzte Nacht im Zug. Nach dem Frühstück am nächsten Morgen schenkte ich den beiden Frauen nach dem Bezahlen noch je ein Lesezeichen, denn sie hatten sich ja durch meine Beherbergung auch strafbar gemacht, und für ihren Mut wollte ich mich auf diese Weise bedanken.

Ein Taxi brachte mein Gepäck und mich zu dem berühmten Palast des Khan im Zentrum von Kokand. Erst 1871 vollendet, lädt er mit seiner 70 m langen Fassade zum Besichtigen ein. In den sieben Innenhöfen und 114 Räumen wird ein unglaublicher Reichtum an verschiedenen Mustern und Formen der Architektur gezeigt.

Das Museum für Länderkunde ist hier ebenfalls untergebracht. Ich schaute mir alles genau und interessiert an.

Danach durfte ich mein ganzes Gepäck netterweise für ein paar Stunden hier unterstellen, weil ich vor der Weiterfahrt noch mehr besichtigen wollte. An Hand eines recht ungenauen Stadtplans suchte ich eine berühmte Medresa, konnte sie aber nicht finden.

Ein etwa 14-jähriger Junge machte sich wichtig und wollte ein Taxi rufen, was ich aber ablehnte. Er wurde ziemlich aufdringlich, so dass ich mein Lauftempo verdoppelte, weil ich ihn loswerden wollte. Als wir am Theater vorbeikamen, erkenntlich an den Masken über dem Haupteingang, sah ich meine Chance gekommen, schwenkte schnell um und verschwand im Foyer. Tatsächlich hatte ich ihn dadurch abgehängt. Hier drinnen war alles still. Niemand war zu sehen. Ich war froh, wieder allein zu sein und überlegte, wie schön es wäre, jetzt eine Aufführung gleich welcher Art nun vorgespielt zu bekommen.

Als hätte ich meinen Wunsch laut geäußert, stand plötzlich eine Garderobenfrau neben mir, flüsterte mir „Premiere" ins Ohr, führte mich zu einer Saaltür, die sie leise öffnete, und bot mir in dem dunklen Saal hinten einen freien Platz am Gang an. Dann verschwand sie wieder. Ziemlich verblüfft über diese prompte Erfüllung meines Wunsches versuchte ich, das Stück, das mir so unverhofft dargeboten wurde, nun auch zu genießen, soweit es meine Sprachkenntnisse zuließen. Offenbar war es für Kinder gedacht, denn in den ersten Reihen saßen viele Schulklassen mit vielleicht 8-9-jährigen Jungen und Mädchen. Hinten war alles leer. Das war wohl auch der Grund für die Großzügigkeit der Garderobenfrau.

Die jungen Zuschauer bewiesen eine mustergültige Disziplin, die es in Deutschland so bestimmt nie gegeben hätte. Denn auf der Bühne standen nur ein Tisch und zwei Stühle, und eine gute Stunde lang saßen dort ein junger Mann und eine junge Frau, die sich unterhielten. Sonst passierte absolut nichts. Sogar ich als Erwachsene hatte Mühe, diesen endlosen Dialogen zuzuhören. Wie schwer muss es da erst für die Kinder gewesen sein. Beide Schauspieler saßen wie festgewachsen auf ihren Stühlen und redeten und redeten. War es das, worunter man in Usbekistan „Theaterspielen" verstand?

Nach ihren Gesten zu urteilen, glaubte ich zu verstehen, dass die beiden sich gern hatten, aber zu schüchtern waren, dies zu zeigen. Und das zog sich über eine Stunde in die Länge! Immerhin brachten sie am Schluss noch so etwas wie einen gemeinsamen Tanz mit Musikbegleitung „aus dem off" zustande.

Alle klatschten, der Saal wurde hell, offenbar „happy end". Ich suchte in den Gesichtern der Kinder, die an mir vorbei dem Ausgang zustrebten, so etwas wie Frust oder Langeweile zu entdecken, aber alle strahlten und waren guter Laune. Selber Schuld, dachte ich, im Foyer hast du dir ja eine Aufführung gleich welcher Art gewünscht, und die hast du auch bekommen. Den Verfasser und den Regisseur dieses langweiligen Stückes sollte man aber auf jeden Fall entlassen und umschulen. Sehr zufrieden mit dieser rigorosen Theaterkritik erhob ich mich auch und suchte die nette Garderobenfrau, die mir diesen unverhofften Kunstgenuss ermöglicht hatte. Ich bedankte mich für ihre großzügige Geste mit einem Lesezeichen und lief zu dem Palast zurück.

Margilan

Inzwischen war es Mittag geworden. Der aufdringliche Junge war verschwunden. In einem Restaurant nahm ich Suppe, Brot und Tee zu mir, holte dann mein Gepäck und begab mich zum Hauptbasar, wo die Sammeltaxis in die Umgebung abfuhren. Mein nächstes Ziel war Margilan, berühmt für seine Seidenfabrikation.

Es war kein Problem, einen Fahrer und drei Mitfahrer dorthin zu bekommen, doch fürchtete ich mal wieder mehrmals um mein Leben, weil der Fahrer ein halsbrecherisches Tempo vorlegte und so oft unverantwortlich überholte, dass mir die 90 km wie ein Höllentrip vorkamen. Inzwischen hatte ich hier ja schon viele verschiedene Fahrstile kennengelernt, aber dieser Fahrer übertraf sie alle!

Margilan, das wir nichtsdestotrotz unfallfrei erreichten, hat 145.000 Einwohner und existierte schon im ersten Jahrhundert vor Christi. Leider gab es in meinem Führer keinen einzigen Vorschlag für ein Hotel. Es ging immer nur um die Seidenherstellung und einen großen berühmten Sonntagsbasar. Einer Eingebung folgend, wechselte ich nach der Ankunft das Taxi und ließ mich zu der bekannten Seidenfabrik fahren.

Da es erst kurz nach 16 Uhr war, dachte ich, dass es dort vielleicht noch etwas zu sehen gäbe. Mein Taxifahrer lachte ungläubig, als ich ihm mein Ziel nannte, fuhr mich aber anstandslos mit all meinem Gepäck die kurze Strecke dorthin, kassierte das Fahrgeld und war sehr schnell wieder verschwunden. Neugierig schaute ich mich um. Es gab mehrere niedrige Gebäude mit rauchenden Schornsteinen. Von drinnen hörte ich das Stampfen von Maschinen, sah aber niemanden draußen herumlaufen.

Der Mythos der Seidenstraße hatte mich schon immer fasziniert. Die Handelswege existierten seit Jahrtausenden, doch der Begriff „Seidenstraße" wurde erst 1877 geprägt. Das Monopol hatten am Anfang die Chinesen, die um nichts in der Welt anderen Völkern das Geheimnis der Seidenherstellung verraten wollten. Sie hüteten es lange, bis eines Tages eine Prinzessin einen ausländischen Prinzen heiratete und aus Liebe zu ihm den Kokon einer Seidenraupe, in ihrem Haar versteckt, außer Landes schmuggelte. Dadurch wurde das bis dahin so sorgsam gehütete Geheimnis der Herstellung von Seide auch außerhalb Chinas bekannt und vielerorts in die Tat umgesetzt. Auch Margilan war berühmt dafür, und deshalb war ich hier.

Während ich so meinen Gedanken nachhing, trat ein junger Mann aus einem der Gebäude auf den Parkplatz. Als er mich sah, kam er herüber, begrüßte mich freundlich auf Englisch und sagte, er sei Abdulla, der Direktor der Fabrik, und was er für mich tun könne. Ich antwortete, ich sei eine Touristin aus Deutschland im Urlaub hier und hätte wegen der Seidenherstellung, die mich sehr interessiere, in Margilan Station gemacht.

Er meinte, heute sei hier nichts los, aber morgen könne er mir eine gute Führung durch die Fabrik anbieten. Er warf einen etwas zweifelnden Blick auf mein vieles Gepäck und fragte, wo ich denn heute Nacht schlafen wolle. Ich antwortete wahrheitsgemäß, dass ich das nicht wüsste. Er nahm sein Handy heraus und sagte: „Let me help you." Wie sich herausstellte, führte der Besitzer der Fabrik nebenbei noch eine Pension und würde mich gerne für eine Nacht bei sich beherbergen. Abdulla würde mich gleich dorthin fahren, und morgen früh könne ich dann mit dem Chef zusammen zurückkommen und an der Führung teilnehmen.

Begeistert stimmte ich zu. Wie von selbst schien sich ein Problem nach dem anderen in Luft aufzulösen! Abdulla fuhr ein „standesgemäßes" Auto, würdig eines Fabrikdirektors. Zwar kannte ich die Marke nicht, aber die ganze Innenausstattung war äußerst luxuriös.

Sicher hat er sich über mein Gepäck und das Kofferfahrgestell gewundert, dachte ich, das habe ich schon an seinen Blicken gemerkt. Aber die Hauptsache ist, dass er nett ist und mir hilft. Alles andere ist Nebensache.

Vor dem Haus des Fabrikbesitzers, das wir nach einer nicht zu langen Autofahrt erreichten, lud er mein Gepäck aus. Ein einfaches Holztor und ein paar kleine Fenster darüber verrieten nichts von dem großen Anwesen, das sich dahinter verbarg. Ein etwa 13-jähriger Junge öffnete nach dem Klopfen die Tür, begrüßte mich freundlich auf

Englisch und ergriff mein Gepäck. Abdulla sagte: „See you tomorrow, bye, bye“ und fuhr weg.

Ich trat ein. Wie schon so oft in Usbekistan, wurde ich mit dem Betreten des Innenhofs in eine andere Welt versetzt, und jedesmal war ich von Neuem von dem unerwarteten Anblick fasziniert.

Draußen gab es staubige Straßen und kein Grün, und hier stand ich plötzlich in einem Wald von blühenden Pflanzen und Palmen, in dessen Mitte ein Springbrunnen plätscherte. Drumherum gab es niedrige Wohnräume, jedesmal durch eine kunstvoll verzierte Wendeltreppe mit dem Hof verbunden.

Der Junge führte mich zu einer dieser Wohnungen, öffnete die Tür zu einem großen hellen Zimmer mit einem Bad nebenan und sagte: „This is your room. Dinner is at eight o'clock. I will fetch you“, verbeugte sich und verschwand.

Ich packte aus, machte es mir auf dem breiten Bett bequem und dachte, was für eine Berg- und Talbahn der Gefühle dieser Tag wieder gebracht hatte. Zuerst eine illegale Übernachtung, deren Tragweite ich noch gar nicht beurteilen kann, dann ein herrlicher Palast, ein aufdringlicher Junge, eine todlangweilige Theateraufführung, eine fast tödlich verlaufende Autofahrt, und nun die Krönung in einem herrlichen Zimmer inmitten einer grünen Oase aus 1001 Nacht. Die Bewässerung dieser ganzen Anlage muss ein Vermögen kosten, aber ein Fabrikbesitzer kann sich das offenbar leisten.

Wie oft war ich schon auf meinen Reisen von der schmucklosen Fassade zur Straße hin und dem Gegensatz mit der überwältigenden Vielfalt der Gestaltung im Inneren überrascht und verzaubert worden. Praktisch überall im Osten hatte ich das kennengelernt: in China, Japan, Usbekistan, Indonesien und der Türkei. Ich finde dies eine sehr gelungene Art und Weise, sich sein Umfeld angenehm zu verschönern und durch die unauffällige Abschottung nach außen hin den Neid der Nachbarn zu vermeiden.

Gegen 20 Uhr klopfte es an meiner Tür. Der Sohn des Hauses holte mich ab und führte mich durch den Innenhof zu einem anderen Aufgang in das wunderschön mit kostbaren Teppichen dekorierte Wohnzimmer. Dort wartete meine Gastgeberin, die mich ebenfalls auf Englisch herzlich willkommen hieß. Wir erledigten zuerst das Geschäftliche, und bei einem opulenten Dinner mit Plow, Suppe, Melone, Salat, Tee und Brot unterhielten wir drei uns dann sehr gepflegt und freundschaftlich. Ich erfuhr, dass meine Gastgeberin Dozentin an der Uni sei und ihren Beruf auch ausübe. In einer weiteren Wohnung hier im Hof lebe auch die alte Mutter ihres Mannes, die sie betreuten.

Heute sei „Teacher's Day", was bedeute, dass kein Unterricht stattgefunden habe, sondern Lehrer und Schüler auf die Baumwollfelder fuhren und den ganzen Tag halfen, die Ernte einzubringen. Ich hatte schon in Deutschland davon gehört. Menschenrechtsorganisationen hatten wiederholt diese Vorgehensweise als unzulässige und ausbeuterische Kinderarbeit, die sich jeden Herbst zur Zeit der Ernte wiederholte, verurteilt. Und hier saßen zwei Opfer dieses verachtenswerten Regimes vor mir und meinten nur, von der ungewohnten Arbeit täten ihnen alle Glieder weh. Dadurch hätte sich auch das Zubereiten des Abendessens verzögert. Sie hofften, dass es mir trotzdem geschmeckt hätte.

Natürlich war ich nicht berechtigt, nun eine flammende Rede für die Einhaltung der Menschenrechte zu halten, aber ich musste doch schlucken angesichts dieser bedingungslosen Akzeptanz der Staatsgewalt. Sicher gab es, bis die Ernte beendet war, noch viele weitere „Teacher's Days", die alle dasselbe Ziel der Ausbeutung verfolgten, nur anders genannt wurden. Schnell bedankte ich mich für das gute Essen und wünschte beiden eine gute Nacht, die sie sich wahrhaftig verdient hätten. Meine Gastgeberin sagte noch, dass ihr Sohn mich morgen schon sehr früh um 6.30 Uhr wecken würde, da sie nur ein Auto besäßen und spätestens um 7.30 Uhr alle zusammen das Haus verlassen müssten. Und ich wolle ja auch zur Fabrik zurück wegen einer Führung über das Gelände.

Am nächsten Morgen nach einem sehr guten Frühstück mit Grießbrei, der Lieblingsspeise meiner Jugend, lernte ich auch den Herrn des Hauses, den Fabrikbesitzer, kennen. Er war sehr freundlich zu mir und posierte sogar vor seinem Haus mit Frau und Sohn für ein Abschiedsfoto für mich. Auch er fuhr ein Auto der Luxusklasse. Wir lieferten zuerst seine Frau an der Universität ab, dann seinen Sohn an der Schule, nicht ohne dass ich beiden noch schnell ein

Danke-Lesezeichen in die Hand gedrückt hätte, und dann fuhr ich mit dem Chef des Hauses auf das Fabrikgelände, wo wir auf dem Chef-Parkplatz ausstiegen – ein wahrhaft erhebendes Gefühl!

In Abdullas Büro durfte ich mein Gepäck für die Dauer der Führung unterbringen. Da die für diesen Tag angemeldete Gruppe noch nicht eingetroffen war, nutzte er die Zeit, um mich in das Gedankengut des Koran einzuführen. Ich fand dies höchst überflüssig, da ich mich schon längst selbst damit beschäftigt hatte, war aber zu höflich, um ihn zu stoppen. Vielleicht war dies auch nur als Einleitung für seine Schlussworte gedacht, dann da sagte er: „Übrigens, wenn Sie meine Mutter wären, hätte ich als Ihr Sohn Ihnen nie erlaubt, auf die Art und Weise, wie Sie es tun, in der Welt herumzureisen. Es gehört sich nicht und ist außerdem gefährlich. Keine usbekische Frau würde jemals dafür die Erlaubnis ihrer Familie erhalten."

Da hatte ich es! Er sah mich streng an, und in seinen Augen sah ich so etwas wie Fanatismus aufblitzen. „Well", begann ich, als der Führer der angemeldeten Gruppe das Büro betrat und verkündete, dass sie angekommen seien. Vielleicht waren wir beide ein bisschen erleichtert, dass uns die folgende Diskussion, die verständlicherweise zu keinem befriedigenden Ergebnis geführt hätte, erspart blieb. Abdulla trat auf den Hof hinaus, um seine neuen Gäste zu begrüßen, und ich schloss mich der Gruppe ohne einen weiteren Kommentar an.

In der ersten Halle versammelten wir uns alle um ihn und hörten seinen Erklärungen zu. Er sagte: „Usbekistan ist der drittgrößte Produzent von Seide in der Welt. Hier sehen Sie die Behälter, in der die mikroskopisch kleinen Raupen etwa von Anfang April bis Mitte Mai gezüchtet werden. Jede Raupe benötigt ungefähr den Raum von einem Quadratmeter.

Es gibt auch viele Bauern hier in der Gegend, die jedes Jahr in diesen Wochen bei sich zu Hause Raupenzucht betreiben und sie danach an uns verkaufen. Die Raupe frisst ausschließlich Blätter des Maulbeerbaumes, der hier in der Gegend wächst und kultiviert wird. Seine Blätter werden kleingehackt und der Raupe gegeben. Sie frisst pro Tag drei Kilogramm. Nach vier Wochen ist sie ungefähr auf die Größe eines kleinen Fingers angewachsen und hat entsprechend mehr Appetit. Dann, eines Tages, hört sie plötzlich auf zu fressen und spinnt sich mit Silberfäden in den Kokon ein."

Abdulla holte zur Demonstration einen abgestorbenen Kokon aus seiner Tasche und zeigte ihn uns. Er sah in etwa aus wie eine kleine Haselnuss. Alle machten eifrig Fotos. Dann gingen wir in die nächste Halle, in der an großen Bottichen, die mit heißem Wasser gefüllt waren, Frauen saßen und in das Wasser griffen, hauchzarte Fäden herauszogen und diese dann vorsichtig aufwickelten.

Abdulla fuhr fort: „Wenn die Raupe sich vollkommen eingewickelt hat, wird sie innerhalb des Kokons mit heißem Dampf getötet. Das ist ein wichtiger Augenblick, denn wenn man zu lange wartet, beginnt sie, weil sie hinaus will, die kostbaren Silberfäden zu fressen und damit zu zerstören. Nur ein paar dürfen weiterleben und sich zur Motte entwickeln. Dann legen sie Eier und sorgen so für die nächste Generation von Seidenraupen."

Er nötigte uns, näher an die Bottiche heranzugehen und hineinzuschauen. Er erklärte: „In diesen Bottichen sehen Sie die abgetöteten Kokons, die aus Silberfäden bestehen. Ein Kokon ist aufgewickelt etwa so lang wie 1.200 Meter, aber für einen Seidenfaden, mit dem man Stoffe herstellen kann, ist er noch zu dünn. Erst die Fäden von 12 oder 13 Kokons zusammengedreht ergeben einen einzigen, brauchbaren Seidenfaden."

Tief beeindruckt wanderten wir weiter in die nächste Halle, in der Muster für Teppiche hergestellt wurden. Und danach sahen wir mehrere junge Frauen an Webstühlen sitzen und herrliche Seidenteppiche produzieren. Abdulla sagte, dass viele hier bis zu ihrer Heirat arbeiten würden. Ich dachte, was wohl danach aus ihnen würde. Vielleicht ein berufsloses Hausfrauendasein? Ich stellte aber keine provozierenden Fragen, sondern folgte der Gruppe, die sich im Souvenirladen herrliche Stoffe ansah, die dort zum Verkauf auslagen.

Dann holte ich mein Gepäck und verabschiedete mich von Abdulla mit einem Danke-Lesezeichen, denn trotz seiner Vorbehalte mir gegenüber war er doch sehr entgegenkommend gewesen. Er nahm es gnädig an und wünschte mir mit einem etwas gequälten Lächeln eine gute Weiterreise. Ich dachte mir: Er kann halt auch nicht aus seiner Haut, und zum Glück ist er ja nicht mein Sohn.

Fergana

Ich konnte auf demselben Platz, auf dem ich gestern angekommen war, mit einem Sammeltaxi in das nur 12 km entfernte Fergana fahren. Mit 216.000 Einwohnern, etwa genauso groß wie Kokand, wirkt die Stadt doch gar nicht orientalisch, sondern mehr russisch-modern. Sie wurde erst 1877 als Erweiterung des durch die Seidenherstellung berühmten Margilan unter dem Namen „Novy Margilan" gegründet und heißt seit 1920 „Fergana". Sie ist das administrative Zentrum des Tales, hat ein gutes Regional-Museum und einen Basar mit vielfältigem Angebot.

Im Asia-Hotel gab es kein freies Zimmer, doch in einer Pension daneben war etwas frei. Die Wirtin sagte, um 20 Uhr gäbe es für mich und ihren anderen Übernachtungsgast, eine Französin, Dinner. Das gab mir gut Zeit für einen Stadtbummel und mal wieder den Besuch eines Internetcafés.

Nach langem Herumbummeln, Mailen und Fotografieren musste ich nun allmählich den Rückweg zu meiner Pension antreten. Was hatte ich mir nochmal gemerkt, um wieder zurückzufinden? Angestrengt durchforstete ich mein Gedächtnis. Richtig: eine große Statue am Ende einer langen Allee. Dort um die Ecke wohnte ich. Nach drei vergeblich abgelaufenen Häuserblocks wurde ich fündig. Geht doch, dachte ich befriedigt, Planung ist das halbe Leben.

Der zweite Gast, Colette aus Paris, war jung, dynamisch, modern, ebenfalls alleine unterwegs und sehr kritisch. Sie musterte abschätzig mein Gepäck, den großen Rucksack, vor allem aber das Kofferfahrgestell und fragte geradeheraus: „Hast du schon mal was von einem Rollkoffer gehört?“

Sie selbst hatte einen großen, schönen, silbernen, den sie mir nun mit all seinen einzelnen Fächern vorführte. Sie holte ihren Laptop hervor und zeigte mir interessante Fotos von Kirgistan, wo sie vorher gewesen war. Sie fragte zum Glück nicht „Hast du schon mal was von einem Laptop gehört?“, als ich ihr gestand, dass ich ihr keines meiner bis jetzt gemachten Fotos zeigen könne, weil ich Dias mache und diese erst zu Haus entwickeln lassen müsse. Aber ihre Blicke sagten genug. Trotzdem wurde das Dinner zu zweit sehr nett, und ich freute mich auch, als ich hörte, dass sie morgen mit mir zusammen im Taxi nach Taschkent fahren würde.

Der Bestand meiner Lesezeichen neigte sich mit dem Ende meiner Reise nun auch seinem Ende entgegen. Meine Zimmerwirtin wurde bedacht, und Colette ebenso. Aber vielleicht las sie nur noch digitale Bücher? Beide schienen sich trotzdem zu freuen.

Taschkent

Die gut vier Stunden zurück nach Taschkent wurden an dem Kontrollpunkt der Armee wieder unterbrochen. Alle Daten auf unseren Pässen wurden wie bei der Herfahrt notiert und am Computer überprüft. Und dann waren wir endlich in Taschkent, der Hauptstadt Usbekistans.

Ich hatte mich schon vorher mit Hilfe meines Reiseführers über die „Stadt der tausend Brunnen“ mit ihren 2,4 Millionen Einwohnern informiert.

Durch ihre günstige geographische Lage wurde sie schon früh ein Handels- und Handwerkszentrum. Im 11. Jahrhundert erscheint ihr Name zum ersten Mal in schriftlichen Unterlagen: „Tasch“ für „Stein“ und „Kent“ für „Stadt“.

Wechselnde Herrscher prägten die Stadtgeschichte, bis sie 1930 die Rolle der Hauptstadt von Samarkand übernahm. Am 26. April 1966 wurde Taschkent von einem schweren Erdbeben heimgesucht, dem im Laufe desselben Jahres noch zahlreiche kleinere Beben folgten. Der neue Bebauungsplan sah große Wohnblöcke, breite Straßen, imponierende offizielle Gebäude, viele Grünanlagen und abwechslungsreiche Springbrunnen vor. Zwar gab es noch einen alten Stadtteil mit verwinkelten Gassen und orientalischem Flair, doch die russischen Architekten hatten der Stadt unbestreitbar ihren eigenen Stempel aufgedrückt.

Aus Erfahrung klug geworden, hatte ich mir extra den Namen und die Adresse einer im „Lonlely Planet“ angepriesenen Pension auf einem Zettel aufgeschrieben, um die Frage der Unterkunft als Erstes problemlos zu lösen. Wie üblich, war ich der letzte Fahrgast, den mein Taxifahrer noch abliefern musste. Fast eine Stunde lang liefen wir erfolglos in dem recht schäbig aussehenden Stadtteil herum. Er zog mein Kofferfahrgestell, ich hatte den großen Rucksack. Mehrmals versuchte ich, ihn zu verabschieden, aber das war vergebens. Und da er meine Taschen hinter sich herziehend fest im Griff hatte, konnte ich auch nicht einfach weggehen. Er fand die angegebene Adresse einfach nicht, aber das ungeschriebene Gesetz der Taxifahrer, den Fahrgast vor der Haustür abzusetzen, konnte er auch nicht einfach umgehen.

Irgendwann reichte es ihm dann. Er sprach einen jungen Mann an, zeigte ihm meinen Zettel mit der Adresse aus dem „Lonely Planet“ und sagte wohl so ungefähr: „Diese verrückte Ausländerin hab ich im Taxi von Fergana hierher gefahren. Seit einer Stunde suchen wir diese Pension, die es aber offenbar nicht gibt. Kennen Sie vielleicht hier in der Nähe eine Bleibe, wo Sie sie für mich abliefern können? Ich muss jetzt wirklich zu meinem Taxi zurück. Ich habe noch mehr Touren zu erledigen. Sie würden mir einen großen Gefallen tun.“

Der junge Mann überlegte kurz, nickte dann, ergriff mein Kofferfahrgestell, tat noch so, als ob er die von mir notierte Adresse studiere, nickte mir zu und ging los. Der Taxifahrer verschwand dankbar in der Menschenmenge.

Mir blieb nichts anderes übrig, als meinem neuen „Beschützer“ zu folgen. Dieser hielt sich nicht lange mit Suchen auf, sondern steuerte zielstrebig auf einen nahen Hauseingang zu, an dem aber kein Pensionsschild angebracht war.

Es war ein sehr schäbiges, heruntergekommenes Haus. Er holte einen Aufzug, der mit einer Gittertür zum Wegschieben vor dem Einsteigen ausgestattet war, ein uraltes, verrostetes, quietschendes Modell, für uns zwei Personen samt unserem Gepäck schon so eng, dass mir die Nähe meines Führers direkt peinlich wurde. Ich merkte mir, dass er auf die Nummer 5 drückte.

Der Aufzug knarrte und ächzte, als sei dies seine letzte Fahrt. Oben angekommen, traten wir auf einen dunklen Flur hinaus. Er führte zu einer Art Büro, in dem ein Schreibtisch stand, der mit Papieren bedeckt war. Dahinter saß eine ältere, sehr hässliche und ungepflegte Frau. An der Wand war ein Regal angebracht, in dem in kleinen Fächern Ausweise steckten. Hinten gab es einen weiteren dunklen Flur, von dem viele Türen abzweigten.

Mein Begleiter fragte die Frau offenbar, ob sie ein Zimmer für mich hätte. Sie blätterte in einem Buch und nickte dann. Ich ergriff mein Fahrgestell und bedeutete dem jungen Mann, dass ich hierbleiben würde und seine Aufgabe damit erledigt sei. Ich verbeugte mich dankend, und zu meiner großen Erleichterung drehte er sich um und war kurz darauf mit dem knarrenden Aufzug in der Tiefe verschwunden.

Nun wandte ich mich wieder der Frau hinter dem Schreibtisch zu. Sie sprach nur ein paar Brocken Englisch. Sie fragte: „Room?“ Ich sagte: „Yes, one night.“ Sie sagte: „Passport.“ Sie schaute kurz hinein und legte ihn dann in das Regal hinter sich.

Sie stand auf und bedeutete mir, ihr zu folgen. Sie öffnete eine der Türen auf dem langen Flur und sagte: „Bed here, washroom downstairs.“ Ich trat in ein kleines Zimmer mit einem eisernen Bettgestell und einem Stuhl, ohne Bettzeug, einem kleinen vergitterten Fenster und einem verrosteten Heizkörper. Sie sagte: „Luggage, then registration“ und verschwand.

Ich war froh, dass ich das Gewicht meines Rucksacks endlich los wurde und legte ihn auf das Bettgestell, nahm einen Schluck aus meiner Wasserflasche und schaute aus dem Fenster. Es führte auf einen Lichtschacht hinaus und war von anderen gleich hohen Häusern umgeben. Warum das Fenster wohl vergittert war? Ich war mir nicht sicher, ob ich hier wirklich bleiben wollte. Trotzdem ließ ich mein Gepäck erstmal dort, obwohl es mich störte, dass in der Tür kein Schlüssel zum Abschließen steckte, notierte mir im Geist meine Zimmernummer und ging zu der Frau zurück. Auf dem Flur begegneten mir ein paar alte, abgerissen wirkende Männer. Sie schienen mich irgendwie lauernd anzusehen.

Die Frau fragte als Erstes in sehr barschem Ton: „Registration number?“ Ich antwortete wahrheitsgemäß: „No registration number“, denn ich hatte keine Ahnung, wovon sie sprach. Sie fragte nun doppelt so laut nach meiner Nummer, und ich antwortete genauso ruhig, dass ich keine hätte. Sie wurde immer aufgeregter, was ich gar nicht verstehen konnte. Sie verfiel ins Russische, überschüttete mich mit hasserfüllten Sätzen, die ich natürlich nicht verstand, doch glaubte ich das Wort „Policia“ gehört zu haben. Sie sprang auf, ergriff ihre Jacke, stürzte zum Aufzug und war verschwunden.

Schnell ging ich zurück in mein Zimmer, denn ich wusste genau, was ich jetzt zu tun hatte. Ich schulterte meinen Rucksack und ergriff mein Kofferfahrgestell. Da öffnete sich die Tür, und das unrasierte Gesicht eines Mannes erschien, der mich neugierig betrachtete. Als er sah, dass ich im Aufbruch begriffen war, zog er sich schnell wieder zurück.

Vorne am Schreibtisch saß inzwischen eine andere Frau, genauso hässlich, genauso ungepflegt, nur jünger. Ich schrie sie an: „Passport!" Sie griff ins Fach hinter sich und hielt ihn unschlüssig in ihrer Hand.

Ich entriss ihn ihr, denn ich spürte, dass Eile geboten war. Schon das Warten auf den Aufzug schien eine Ewigkeit zu dauern. Als er endlich kam, schob ich das Gitter auseinander, quetschte mich und mein Gepäck hinein, schob das Gitter wieder zu und drückte auf „0".

Wir rumpelten nach unten. Als ich auf die Straße hinaustrat, meinte ich, aus den Augenwinkeln die Frau aus dem 5. Stock und hinter ihr eine Uniform zu erblicken, aber ich hielt mich nicht auf, um Gewissheit zu erlangen. Nur jetzt nicht rennen, dachte ich, keine Aufmerksamkeit erregen.

Ganz ruhig weitergehen, nicht umdrehen, ganz ruhig, gleich bist du weg. Und dann war ich tatsächlich bald im Fußgängergewimmel untergetaucht und gerettet!

Während der nächsten Stunden, in denen ich vergeblich nach einem Hotelschild suchte und einfach nur immer weiterwanderte, versuchte ich, das eben Erlebte zu verdauen. Was war mir da bloß passiert? Zuerst konnte ich gar nicht klar denken, nur immer weiterlaufen. Die Knie zitterten mir, und ich kam mir vor, als hätte ich kurz vor meiner Hinrichtung gestanden.

Das Laufen tat mir aber gut, und so beruhigte ich mich allmählich wieder und es gelang mir, meine Gedanken zu sortieren. Schließlich kam ich dann zu folgendem Schluss: Diese Absteige war wohl halb offiziell, halb verboten, und natürlich nur für Usbeken, die wahrscheinlich alle eine Registrierungsnummer haben, wie wir Deutschen auf unserem Personalausweis.

Wenn sie Personen ohne Nummer antraf, schaltete die Chefin wohl immer gleich die Polizei ein, wofür sie wahrscheinlich Geld bekam. Aber warum war sie so wütend geworden? Vielleicht hasste sie alle Ausländer? Auf jeden Fall glaubte ich damals und glaube ich heute immer noch, dass ich dort in großer Gefahr geschwebt hatte, überfallen, ausgeraubt, ins Gefängnis geworfen und vielleicht sogar getötet zu werden.

Als es dunkel wurde und ich noch immer kein Hotel gefunden hatte, schien es mir an der Zeit für Plan B zu sein. Zwar kümmerte sich niemand um mich, da ich zum Glück keinen so großen, schönen silbernen Rollkoffer wie Colette hatte und damit kein potentielles Ziel für einen Überfall darstellte, aber allmählich brauchte ich nun doch eine Unterkunft. Ich wusste nicht genau, wie viele Stunden ich inzwischen hier herumgewandert war. Aber das Laufen würde mich nicht weiterbringen. Für die Hotelsuche brauchte ich ein Taxi.

Ich suchte und fand an einer beleuchteten Bushaltestelle eine Bank, auf der ich mein Gepäck kurz abstellen und aus den Tiefen meines Rucksacks den „Lonely Planet“ herausholen konnte. Auf der Seite mit den Hotels fand ich die Adresse des „Intercontinental", das mir genau richtig zu sein schien. „Nicht kleckern, klotzen", sagte ich zu mir, „nach diesem furchtbaren Nachmittag hast du etwas Gutes verdient."

Ich machte mich auf die Suche nach einem Taxi, was in der Dunkelheit und in dieser ärmlichen Gegend wieder einige Zeit dauerte. Der Fahrer machte sich auch nicht die Mühe, auszusteigen, als ich ihn heranwinkte. Er kurbelte nur die Scheibe herunter und sah mich abschätzend an. Eine alte Frau in diesem Aufzug um diese Zeit mit seltsamem Gepäck, das sah in seinen Augen nicht zahlungsfähig aus.

Als ich „Hotel Intercontinental" sagte, guckte er mich nur ungläubig an und rührte sich nicht. Ich wiederholte mein Ziel ungeduldig und fügte die Adresse, die ich mir wegen des bekannten Namens gemerkt hatte, hinzu: „Amir Timur 107 A." Da kam Bewegung in ihn. Er sprang heraus, verstaute mein Gepäck im Kofferraum und öffnete mir die Beifahrertür. Wir fuhren ziemlich lange. Die Wohngegenden, durch die wir kamen, wurden immer besser und teurer, und plötzlich reihte sich ein großes Hotel an das andere.

Ich dachte: Da hätte ich noch endlos suchen können. Nun brauche ich wieder ein bisschen Glück. Ich bezahlte den Fahrer, der mich immer noch kopfschüttelnd betrachtete, da ich ihm nicht die richtige Klientel für das „Intercontinental" zu sein schien, und machte mich auf den Weg zur Rezeption. Dort teilte man die Ansicht des Taxifahrers: „Sorry, wir sind ausgebucht."

Doch ein junger Mann, nett und gutaussehend, erbarmte sich meiner. Er fragte, was ich suche. „Ein Einzelzimmer, Nichtraucher, für drei Nächte, am besten hier in der Gegend“, antwortete ich. Dann sank ich in den nächsten Sessel. Ich war wirklich fix und fertig. Kurz danach kam er zu mir und fragte: „Ich habe etwas im Markaziy-Hotel gefunden. Es ist in derselben Straße hier. Soll ich es für Sie buchen? Wie ist Ihr Name?“ Ich nickte dankbar, nannte ihm meinen Namen und erhob mich etwas wankend. Er sagte besorgt: „Es ist zwar ganz nah, aber nehmen Sie lieber doch ein Taxi. Draußen stehen hier immer welche. Viel Glück.“

Ich bedankte mich vielmals für seine Mühe. Für ein Danke-Lesezeichen hatte ich zu dieser späten Stunde keinen Nerv mehr. Im Markaziy-Hotel, einem Hotel der Mittelklasse, sah man mir wie immer äußerst misstrauisch entgegen, aber das Telefonat aus dem „Intercontinental“ tat dann doch seine Wirkung. Ich durfte die Anmeldung ausfüllen, erhielt einen Zimmerschlüssel und war tatsächlich noch vor Mitternacht in einem schön eingerichteten, sauberen Zimmer samt Bad, Toilette und Dusche gelandet.

Vor dem Einschlafen kehrten jedoch die schrecklichen Ereignisse des Nachmittags zurück. Plötzlich kam mir der Gedanke einer völlig anderen Erklärung für alles. Man hatte mir eine Falle gestellt, in die ich ahnungslos getappt war! Und zwar hatte mein Taxifahrer von Fergana aus einen seiner Kumpel angerufen, und dieser sollte mich zu dieser schrecklichen Unterkunft bringen. Dort würde man mich ausrauben oder der Polizei übergeben.

Die Suche nach der von mir gewünschten Adresse hatte er nur vorgetäuscht, und das Treffen mit seinem Kumpel war auch nicht zufällig gewesen. Denn dieser hatte mich ja zielstrebig sofort in diesen furchtbaren 5. Stock geführt.

Nein, für diese Handlungsweise fehlte entschieden ein Motiv. Gleich fiel mir aber doch eins ein: Das Ganze ins Rollen gebracht hatte der Taxifahrer in Nukus, der meine vielen Dollarscheine gesehen hatte. Als ich mit meinen abstrusen Verschwörungstheorien so weit gekommen war, fiel ich endlich in einen tiefen Schlaf, der sogar frei von Albträumen war.

Am nächsten Morgen beschloss ich, alles Unangenehme der letzten Zeit zu vergessen und meine drei verbliebenen Tage in Taschkent noch nach Kräften zu genießen. Deshalb fragte ich an der Rezeption, ob es heute am Sonntag im Theater eine Aufführung gäbe. „Cippolino", war die Antwort, „um 12 Uhr." Es wäre ein Kinderballett, und wenn ich wollte, könnte man mir eine Eintrittskarte besorgen. Und ob ich wollte! Das gehörte auf jeden Fall zu meinem „Verwöhnprogramm", das ich mir vorgenommen hatte und schloss auch eine extra gelieferte Eintrittskarte ein, obwohl dieser Service natürlich nicht umsonst war.

Ich ließ mir den Fußweg zur Oper erklären und machte mich rechtzeitig auf den Weg. Im Nachhinein war mir natürlich klar, dass es für jeden Geheimdienst nun ein Leichtes war, mich zu treffen, da es nur eines Anrufs im Hotel gebraucht hatte, um meine Pläne für den heutigen Tag zu erfahren. An der ersten Kreuzung zögerte ich kurz und überlegte, ob ich nun rechts oder links gehen sollte. Ich schaute mich um. Kein Mensch war zu sehen. Da löste sich von der gegenüberliegenden Straßenseite ein Mann aus dem Schatten der Bäume und kam auf mich zu. Ich registrierte: schwarzer Anzug, weißes Hemd, recht gute Erscheinung. Er fragte höflich auf Englisch: „Can I help you?“ Ich antwortete: „Opera?“ Er deutete nach links und meinte, er hätte denselben Weg und würde mich gerne begleiten. Das fand ich zwar etwas störend, aber ich konnte es ihm auch nicht gut verbieten.

Zuerst schien es so, als wolle er nur Smalltalk machen, woher ich sei, was ich hier mache usw. Ich sagte, ich sei aus Deutschland und mache hier Urlaub. Er fragte, was ich schon von Usbekistan gesehen hätte, und ich sagte, noch gar nichts, da ich erst gestern hier eingetroffen sei. Das war zwar eine Lüge, aber ich ließ mich nicht gerne ausfragen, schon gar nicht von einem Fremden. Ich fragte, was er mir empfehlen könne, aber er wich aus und meinte, ich würde doch sicher Emails nach Hause schicken, und mit wem ich mailen würde. Das war ja nun sehr direkte Ausfragerei! Außerdem war es schon kurz vor 12 Uhr und ich hatte Angst, nicht mehr rechtzeitig zu der Aufführung ins Theater zu kommen. Ich beschleunigte meine Schritte und fragte: „Where is the opera?“ Er sagte: „Not far from here“ und fragte wieder nach dem Internet.

Ich dachte an die Zeit vor acht Jahren zurück, als dieses für mich noch ein Geheimnis mit sieben Siegeln gewesen war. Die Erinnerung daran war noch sehr lebendig, und so fiel mir das Lügen umso leichter, als ich lachend erwiderte, dass ich für diesen modernen Kram viel zu alt sei und mit dem Internet nichts anzufangen wisse. Dabei fragte ich mich natürlich, weshalb dieser Mensch sich überhaupt für meine Internetkontakte interessiere.

Inzwischen waren wir an der Oper angelangt. Gerade als ich eintreten wollte, zog mein Begleiter einen Ausweis aus seiner Tasche, hielt ihn mir entgegen und sagte: „Secret service.“ Ich starrte darauf und sagte: „I see.“ Dann betrat ich das Foyer, zog meine Eintrittskarte heraus, ging in einen großen Saal mit viel Samt und Plüsch und fand gerade noch rechtzeitig meinen Platz in der dritten Reihe. Eine Dirigentin betrat das Pult, verbeugte sich vor dem klatschenden Publikum, der Vorhang ging hoch, und die Aufführung von „Cippolino“ begann.

So viel ich verstehen konnte, gab es hier einen bösen Prinzen und einen guten Schuster. Der Prinz wurde verhaftet und unter dem Jubel der Dorfbewohner getötet. Dieses düstere Ende passte gut zu meiner Stimmung. Obwohl die Tänze und das Bühnenbild mir gefallen hatten, konnte ich doch die Begegnung mit dem Geheimpolizisten nicht so einfach abschütteln. Was ging hier eigentlich vor? Seit wann teilte einem die Geheimpolizei mit, dass man unter Beobachtung stand? War das normalerweise nicht geheim? Oder war das Zücken seines Ausweises als Drohung gemeint gewesen, in dem Sinne: „Nimm dich in Acht, wir sind dir auf den Fersen!“

Entschlossen schüttelte ich die Sorgen ab, da mir alles Grübeln sinnlos erschien, und verließ mit den anderen Besuchern den Saal. Draußen vor dem Eingang fiel mir ein Plakat mit russischer Schrift mit einer hübschen Frau und dem heutigen Datum auf. Ich konnte „Carmen“ und „Georges Bizet“ entziffern. Sofort kehrte ich in das Foyer zurück und erwarb für den Abend eine Karte für diese mir gut bekannte Oper.

Dabei schaute ich mich öfter unauffällig um, aber „mein“ Geheimpolizist war nirgends mehr zu entdecken. Ich war mir ja auch keiner Schuld bewusst und konnte ihn irgendwie auch nicht ernst nehmen, da er beim Ausfragen meiner Ansicht nach doch gar zu plump vorgegangen war.

Die einzige für ihn vielleicht interessante Mail war gestern von einem Amnesty-International-Mitglied gewesen, in der ich gebeten wurde, mehr Lesezeichen mit der Kerze mit Stacheldraht, dem Emblem dieser Menschenrechtsorganisation, herzustellen. Ich war Bezirkssprecherin bei Amnesty und stellte wirklich Lesezeichen mit der Kerze her.

Sollte der „Secret service“ diese Mail gelesen haben und interpretierte sie vielleicht als einen Geheimcode für einen äußerst brisanten Geheimauftrag? Nein, das alles war doch einfach nur abwegig!

Im Hotel nahm ich eine leichte Mahlzeit ein, besprach an der Rezeption meine letzte Nacht von Mittwoch auf Donnerstag und fragte, ob ich die Stunden vor dem Abflug meines Flugzeugs nachts um 2 Uhr im Foyer verbringen dürfe, also für die letzte Nacht nicht mehr zu zahlen brauche. Heute sei zwar erst Sonntag, aber ich würde gerne im Voraus planen und alles organisieren.

Sie stimmten zu, und ich ging noch ein wenig spazieren, ehe um 17 Uhr „Carmen“ gegeben wurde. Es war eine gute Aufführung, die ich diesmal auch richtig genießen konnte. Ich wurde weder auf dem Hinweg noch auf dem Rückweg von irgend jemandem belästigt, obwohl es da schon dunkel und auch recht einsam auf der Straße war.

Am Montag lockten mich weder Museen noch Moscheen. Das konnte ich am letzten Tag noch machen, dachte ich. Erstmal wollte ich nach einem Souvenir für mich persönlich Ausschau halten. In einem Kaufhaus entdeckte ich einen Bierkrug und eine Schale, beide blau glasiert aus Keramik, mit den Blumenmustern von Moscheen, die ich so oft gesehen und lieben gelernt hatte. Ich kaufte beides und habe sie heute noch zu meiner großen Freude in meinem Wohnzimmer stehen.

Gerne hätte ich noch Bildbände über Usbekistan erworben, aber erstens gibt es nur ganz wenige Buchläden, und zweitens dort fast nur russische Literatur. Durch Zufall entdeckte ich in einem Park recht versteckt einen Basar mit Büchern. Glücklich kaufte ich zwei schwere Bildbände von einem Russen und hoffte, dies alles noch in meinem Rucksack unterbringen zu können. Da ich an meinen neuen Souvenirs schwer zu schleppen hatte, kehrte ich erstmal ins Hotel zurück und hielt dann einen kurzen Mittagsschlaf, da mich das Laufen und Suchen angestrengt hatte.

Als ich erwachte, wusste ich irgendwie nichts mit mir anzufangen, eine Stimmung, die ich normalerweise nicht an mir kenne. Ich betrachtete lange meine schönen Souvenirs und entschloss mich endlich, in meinem Tagebuch, in das ich ja täglich meine Erlebnisse schrieb, mal wieder die Kalendertage auszustreichen, die mir noch bis zu meinem Abflug blieben.

Dies hatte ich seit längerem vernachlässigt, und so schlug ich nun die Kalenderseite auf. Was ich dort entdeckte, machte mich schwindlig. Die Beine knickten mir ein. Ich sank auf das Bett, vor dem ich glücklicherweise stand, und mir wurde schwarz vor den Augen. Ich dachte noch: Ohnmächtig zu werden ist auch keine Option, bevor ich kurz wegsackte.

Was war passiert? Heute war laut Kalender Montag, der 5. Oktober, und der Abflugstag war der 6. Oktober nachts um vier Uhr. Ich hatte die ganze Zeit übersehen, dass gleich nach Mitternacht ein neuer Tag beginnt. Also war der 6. Oktober am Dienstag, und das war heute Nacht! An der Rezeption hatte ich aber von Mittwoch Nacht gesprochen. Das wäre dann bereits der 7. Oktober gewesen.

Ich rappelte mich mühsam auf und suchte mit zitternden Händen mein Flugticket heraus. Taschkent – Moskau, Moskau – Hamburg, eindeutig alles am Dienstag, dem 6. Oktober. Undenkbar, was passiert wäre, wenn ich erst am 7. Oktober auf dem Flughafen erschienen wäre. Dann hätte die Geheimpolizei auf jeden Fall einen Grund für eine Verhaftung gehabt. Ich atmete tief durch und dachte: So knapp war es bis jetzt noch nie gewesen!

Nun galt es zu handeln. Ich ging zur Rezeption, zahlte die drei Übernachtungen, bat, mich um zwei Uhr telefonisch zu wecken und mir für 2.30 Uhr ein Taxi zum

Flughafen zu bestellen. Alles war schnell abgewickelt und erledigt. Ich ging zurück auf mein Zimmer, packte alles für den Flug, schaute noch ein bisschen fern und schlief tatsächlich noch ein paar Stunden, ehe mich der Zimmerservice um Punkt zwei Uhr weckte. Um 2.30 Uhr fuhr ich mit dem Aufzug hinunter, gab meinen Zimmerschlüssel ab und stieg in das Taxi, das schon vor dem Hotel wartete.

Im Nachhinein halte ich es durchaus für möglich, dass in der folgenden Nacht die Geheimpolizei im Hotel auftauchte, um mich ein wenig in die Mangel zu nehmen. Nun hatten sie mich leider verpasst, da ja meine frühere Abfahrt sogar mich überrascht und sich beim Personal vielleicht noch nicht herumgesprochen hatte, so dass diese Information an sie nicht weitergegeben wurde.

In der Nacht zum 6. Oktober kam mir Derartiges allerdings gar nicht in den Sinn. Im Gegenteil, ich war sehr zufrieden mit mir, weil ich sogar die Nerven gehabt hatte, noch vor zwei Uhr einzuschlafen. Ich bezahlte den Fahrer, sammelte meine nun deutlich schwereren Gepäckstücke ein und betrat die Halle, in der ich vor vier Wochen angekommen war. Es war tatsächlich trotz der frühen Morgenstunde schon Betrieb, hauptsächlich von vielen abreisenden Ausländern. Es gab zwei Schalter: „Residents“ und „No residents“. Alle standen vor „No residents“.

Ich schaute zu dem Mann hinter dem „Residents“-Schalter hin und lächelte ihn an. Er winkte mich heran. Ich sagte: „Salom alajkyom“ und „Qalaj siz?“ („Wie geht es Ihnen?“). Dann fuhr ich auf Englisch fort, dass er mich leider nicht abfertigen dürfe, da ich ja keine „Resident“

sei. Ich hatte aber meinen Pass schon in der Hand, und er nahm ihn entgegen. Er meinte, es sei ihm eine Ehre, so früh am Morgen den Pass von einer so charmanten usbekisch sprechenden Dame stempeln zu dürfen.

Ich sagte, er könne stolz sein auf sein Land, und ich würde bald wiederkommen. Er stempelte meinen Pass ab, gab ihn mir lächelnd zurück und sagte „Chajr" („auf Wiedersehen"), was ich wiederholte.

Dann ging ich durch die Sperre, um mein Gepäck aufzugeben. Da es noch nicht einmal gewogen wurde, fiel auch niemandem auf, dass es nun deutlich schwerer war als auf dem Hinweg. Mein Kofferfahrgestell klappte ich zusammen und nahm es mit zu meinem Handgepäck.

Als ich aus der Halle hinaustrat und die kurze Treppe zum Flugzeug hinaufstieg, dämmerte am Horizont schon leicht der Morgen.

Nachdem ich im Flugzeug mein Handgepäck in dem Fach über meinem Sitz verstaut hatte, ließ ich mich erleichtert und immer noch in Hochstimmung in die Polster sinken. Neben mir saß eine Schweizerin, etwas jünger als ich und etwas blass um die Nase.

„Geht es Ihnen nicht gut?", fragte ich besorgt, „Sie sehen etwas mitgenommen aus." „Oh, diese vielen Vorschriften machen mich einfach nur fertig", erwiderte sie, „aber nun ist es ja ausgestanden."

„Welche Vorschriften?", fragte ich. Sie schaute mich entsetzt an. Dann fing sie an aufzuzählen: „Wie viel Bargeld haben Sie in welcher Währung eingeführt? Wie viel in welcher Währung ausgeführt? Haben Sie auch keine Som mitgenommen? Haben Sie etwas zu verzollen? Welche Geschenke haben Sie dabei? Wie viel haben sie gekostet? Wo sind die Belege? Bücher dürfen nur aus bestimmten Kategorien ausgeführt werden. Haben Sie Bücher dabei? Wo sind Ihre Übernachtungsnachweise? Hoffentlich sind diese auch vollzählig?“

Mit wachsendem Erstaunen hatte ich ihrem Monolog zugehört. Sie hielt inne und fragte misstrauisch: „Hat man Sie das alles etwa nicht gefragt und Ihr Gepäck nicht durchsucht?“

Ich schüttelte den Kopf und sagte: „Der Mann am Schalter hat nur ein bisschen mit mir geflirtet. Und ich hab noch jede Menge Som dabei, und Bücher habe ich auch gekauft. Und wo meine Übernachtungsnachweise sind, weiß ich nicht mehr genau.“

Sie rückte ein bisschen von mir ab und sagte leise:

„Wahrscheinlich haben Sie irres Glück gehabt. Halten Sie jetzt bloß Ihren Mund, damit man Sie nicht doch noch rausholt.“

Bis zum Abflug schwiegen wir. Mir gingen viele Gedanken durch den Kopf. Aber als wir endlich abhoben und über den Wolken schwebten, lächelten wir uns beide verständnisinnig an.

Sie dachte bestimmt: Die Frau hat wirklich Glück gehabt!

Und ich dachte zum letzten Mal: Das war knapp!

Zur Autorin

Frauke Kässbohrer, geb. 1941, studierte nach dem Abitur die beiden Fächer Musik und Englisch für das höhere Lehramt in Frankfurt/Main. Sie unterrichtete an verschiedenen Gymnasien in Süd- und Norddeutschland.

Zum Schreiben kam sie erst nach ihrer Pensionierung durch ihre ehrenamtliche Arbeit mit Asylbewerbern.

2017 erschien ihr Buch „Bloß nicht weinen, Akbar! Ein 16-jähriger Afghane berichtet von seiner Flucht nach Deutschland".

Ihre Bücher bestechen durch guten Aufbau, lebendigen Erzählstil und absolute Authentizität.

Frauke Kässbohrer hat zwei Kinder und zwei Enkelinnen und lebt in Schleswig-Holstein in der Nähe von Lübeck.

Konzept: Eine Frau reist um die Welt

Alleine verreisen als ältere Frau, mit Rucksack und keiner vorher festgelegten Route, nicht nur innerhalb Europas, sondern auch zu anderen, weiter entfernten Kontinenten – geht das überhaupt?

Es geht, wofür die in vier Bänden erschienenen Reisebeschreibungen der pensionierten Lehrerin **Frauke Kässbohrer** ein lebhaftes Zeugnis ablegen. Trotz mancher Fehlplanungen und auch gefährlicher Situationen kehrte sie jedesmal heil nach Hause zurück, dabei in Gedanken schon wieder nach neuen Herausforderungen suchend.

In den vorliegenden Reisebeschreibungen lässt sie uns nun in ihrem unverwechselbaren lebendigen Erzählstil so intensiv an ihren Erlebnissen teilnehmen, dass wir am Schluss das Gefühl haben, selbst dabei gewesen zu sein.

1. Australien – Neuseeland
2. Türkei – China
3. Japan
4. Usbekistan

Frauke Kässbohrer
Eine Frau reist um die Welt
Australien – Neuseeland
Edition Forsbach

Frauke Kässbohrer
Eine Frau reist um die Welt
Japan
Edition Forsbach

Frauke Kässbohrer
Eine Frau reist um die Welt
Türkei – China
Edition Forsbach

Frauke Kässbohrer
Eine Frau reist um die Welt
Usbekistan
Edition Forsbach